LES VOIES NAVIGABLES

DE

L'EMPIRE FRANÇAIS

DE LA

BELGIQUE

ET DES

PROVINCES DE LA RIVE GAUCHE DU RHIN.

ORLÉANS. — IMP. ERNEST COLAS.

LES

VOIES NAVIGABLES

DE

L'EMPIRE FRANÇAIS

DE LA

BELGIQUE

ET DES

PROVINCES DE LA RIVE GAUCHE DU RHIN

PAR

ALEXANDRE COLLIN

INGÉNIEUR EN CHEF AU CORPS IMPÉRIAL DES PONTS ET CHAUSSÉES.

ORLÉANS

H. HERLUISON, LIBRAIRE-ÉDITEUR

1865

SOMMAIRE DES MATIÈRES.

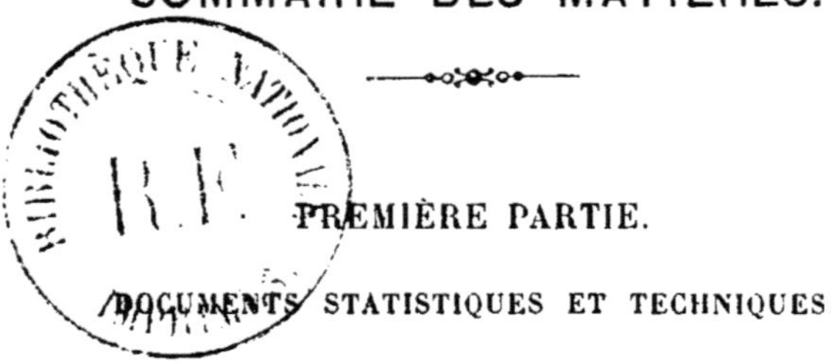

PREMIÈRE PARTIE.

DOCUMENTS STATISTIQUES ET TECHNIQUES.

DEUXIÈME PARTIE.

LES

VOIES NAVIGABLES

DE

L'EMPIRE FRANÇAIS

DE LA

BELGIQUE

ET DES

PROVINCES DE LA RIVE GAUCHE DU RHIN.

PREMIÈRE PARTIE.

Documents Statistiques et Techniques.

I. — Introduction à l'étude des Voies Navigables.

Au nombre des vérités les moins contestées de la science économique appliquée aux transports des matières et des productions de l'Industrie, il faut placer l'importance du rôle qui appartient aux Voies Navigables, dans l'œuvre complexe de la distribution et de la répartition de ce que l'on nomme la richesse matérielle d'un pays. — Avant que les chemins de fer vinssent occuper, dans le système industriel et commercial, le rang qui leur est dû, les Voies d'eau étaient regardées comme l'instrument par excellence des transports à bon marché. Elles ont été, depuis des siècles, les voies préférées, non-seulement pour le déplacement des matières et des produits, mais aussi, sur certaines directions géographiques, pour la locomotion des personnes.

L'invention des Chemins de fer a modifié cet état de choses, et la grande vitesse que l'on est parvenu à donner aux véhicules qui les parcourent devait attirer à eux, non-seulement les personnes, mais aussi une énorme quantité de matières et de produits qui ne comportent pas les lenteurs inséparables du mode de locomotion ordinaire de la plupart de nos Voies d'eau.

Cette modification radicale introduite dans l'ancien système des transports devait exercer une grande influence sur l'esprit des personnes même les plus versées dans les Etudes économiques : on a cru que les Chemins de fer allaient se substituer aux Voies d'eau et que celles-ci ne seraient plus désormais considérées que comme des instruments de circulation incompatibles avec les nécessités de l'Industrie moderne.

Les plus ardents promoteurs des Voies de fer ne demandaient rien moins que la suppression des Voies d'eau, comme s'il n'était pas plus difficile de remplacer, dans l'ordre économique que dans l'ordre politique, une vérité par une erreur ; mais, pas plus dans l'un que dans l'autre, les erreurs ne sont durables.

Tout ce bruit et toute cette agitation se sont apaisés avec le temps ; l'observation pratique, venant en aide à la réflexion, a calmé cette fièvre allumée principalement par la spéculation financière et a contribué, pour une large part, à ramener les esprits dans le droit chemin dont ils s'étaient momentanément écartés.

Si de sérieuses perturbations économiques furent provoquées par cet élément nouveau et tout à fait inattendu ; si l'opinion publique fut, pendant quelques années, distraite et comme absorbée dans ce tumulte qui se faisait autour de lui ; le Gouvernement Impérial n'a jamais perdu de vue les véritables intérêts de l'Industrie, du Commerce et de l'Agriculture dont le développement était si intimement lié à celui des Voies Navigables, ni laissé croire qu'il abandonnait celles-ci comme des instruments inutiles et désormais incompatibles avec le développement de la richesse publique. Loin de là, il a proclamé en toute occasion, que les Voies d'eau, comme les Voies de fer, étaient indispensables à l'extension de la puissance nationale ; que leur concours nous était nécessaire pour obtenir le transport économique, principalement des matières, produits et marchandises lourds et encombrants, et permettre à l'Industrie française de soutenir, avec succès et honneur, la lutte engagée contre les Industries étrangères. Nous ne faisons donc que rendre justice au Gouvernement, en rappelant qu'il n'a cessé de penser et de déclarer que la prospérité des Voies d'eau et des Voies de fer était étroitement liée à celle du pays, et que c'était dans leur concurrence pacifique et réglée, que se trouvait la véritable solution si longtemps cherchée et vainement poursuivie, de la question des transports à bon marché, en d'autres termes, de la question vitale par excellence, de l'Industrie, du Commerce et de l'Agriculture.

Et ces principes ont été sanctionnés par les grands Corps de l'Etat.

Il est donc vrai de dire que si l'on admettait, par une sorte d'antithèse, la préexistence des Voies de fer, en faisant abstraction des Voies d'eau qui les ont précédées dans l'ordre économique, il faudrait inventer celles-ci pour en faire le contre-poids nécessaire et le complément indispensable de celles-là, et réciproquement. Le temps qui remet tout à sa place, justifiera de plus en plus cette proposition dont le principe est désormais sanctionné par une expérience suffisamment prolongée pour qu'il ne reste plus désormais de doutes sur ce théorème économique dont les Nations Industrielles, l'Angleterre, la Belgique, la Hollande, la Prusse, pas plus que la France, ne méconnaissent la vérité.

Les circonstances actuelles rappellent donc, avec opportunité, la faveur et le courant de l'opinion sur les Voies de Navigation Intérieure.

Le premier besoin qu'éprouve toute personne qui se sent attirée vers ces spéculations économiques, soit par intérêt, soit par amour de l'étude, c'est de posséder les documents principaux qui faciliteront ses recherches et de trouver réunis et concentrés en quelque sorte, dans un cadre portatif, les éléments épars de ces questions complexes.

Il faut d'abord une *Carte Spéciale des Voies Navigables :* mais ce n'est pas tout.

Il faut ensuite des *Tableaux Statistiques et Techniques* qui donnent, non-seulement la nomenclature exacte des *Rivières Navigables* et des *Canaux*, mais aussi, les renseignements généraux, numériques et autres, pour la France, la Belgique, et pour les Provinces de la Rive Gauche du Rhin.

Il n'existe pas encore aujourd'hui de *Cartes Spéciales des Voies Navigables*, comme il y en a pour les Chemins de fer : c'est une lacune que nous avons voulu combler.

La grande *Carte Hydrographique de la France* est d'un format excessif et peu maniable (1) ; elle est surchargée de toutes

(1) Sa largeur, non compris les marges, est de 2^{m} 08; sa hauteur de 2^{m} 02.

les indications que les Cartes donnent ordinairement : rivières, ruisseaux, noms de lieux, routes, montagnes, Chemins de fer, indications pour la plupart absolument inutiles à qui se livre à l'étude spéciale du réseau des Voies Navigables.

La *Carte de la Navigation de la France*, dite de *Dubrena*, est aussi une Carte de Navigation d'un format peu commode (1) ; elle est gravée en noir comme la *Carte Hydrographique*, et, comme elle, surchargée d'indications qui forment, par leur multiplicité, un ensemble dont la confusion rend la lecture extrêmement laborieuse et fatigante. Ces Cartes, pas plus que toutes celles qui sont conçues d'après les mêmes idées, ne remplissent le but que doit se proposer l'auteur d'une *Carte Spéciale des Voies Navigables*.

Mais la Carte Géographique n'est, à vrai dire, qu'un moyen de rendre saisissables aux yeux et à l'esprit le réseau des Voies d'eau et leur disposition relative sur la surface d'un pays : une Carte de petit format ne pourrait contenir les principaux éléments statistiques et techniques qui sont propres à chaque Ligne Navigable. C'est pour compléter les indications de la Carte que l'on a réuni, sur les Tableaux qui suivent, les éléments dont nous parlons : le lecteur y trouvera, dans la première colonne, les Voies Navigables classées par ordre alphabétique ; puis, dans les suivantes, leur position géographique déterminée par les latitudes et les longitudes des points extrêmes de chacune d'elles ; leur développement kilométrique ; l'indication du genre de navigation des rivières, soit fluviale, soit maritime, qui leur est propre ; les points où commencent et finissent ces deux genres de navigation ; les longueurs et

(1) Sa largeur, non compris les légendes marginales, est de 0^m 785 ; compris les légendes de 1^m 265. Sa hauteur, sans marge, est de 0^m 99.

largeurs *maxima* et *minima* des écluses ; la mention sommaire des ouvrages établis pour améliorer la Navigation des rivières, lorsque cette Navigation n'est pas naturelle et praticable de son propre fond.

Dans la dernière colonne du Tableau III, l'on a désigné, par les initiales A. B. F. P. (Angleterre, Belgique, France, Prusse), les provenances des combustibles minéraux qui circulent sur les Voies d'eau françaises.

L'unité de longueur est le *kilomètre*. Pour ne pas surcharger les Tableaux III, IV, V, de chiffres inutiles et le plus souvent inexacts, on a négligé les longueurs inférieures aux demi-kilomètres et l'on a compté les longueurs des Voies de manière à réduire les différences à des quantités toujours moindres que 500 mètres (un demi-kilomètre).

Exemples : Tableau III, — la *Bayse*, rivière navigable, présente un développement réel de 56.173 mètres : elle est portée pour 56 kilomètres.

Tableau IV : Le canal de *Mons à Condé* présente un développement réel de 24.434 mètres ; il est porté pour 24 kilomètres et demi.

La recherche, sur les Tableaux III, IV, V, d'une Voie Navigable, rivière ou canal, est une opération des plus simples, en raison de l'ordre alphabétique des noms de ces Voies qui a été observé dans la formation de chacun d'eux.

Mais sa recherche, sur la Carte, ne serait pas toujours aussi facile, et l'on pourrait passer beaucoup de temps à la parcourir des yeux sans trouver, parmi elles, l'une des Voies Navigables de moindre importance qui y sont figurées. C'est pour prévenir cet inconvénient que les Tableaux III, IV, mentionnent la position géographique de chaque Ligne navigable, fixée par la latitude et la longitude de ses origines. L'on a distingué par l'initiale E, la longitude Est, et par l'initiale O, la longitude Ouest, relativement au méridien de Paris. Chaque Voie Navigable étant ainsi définie, il suffit de chercher sur la Carte les limites indiquées par les lignes transversales qui, la coupant en deux sens, circonscrivent cette voie dans des espaces réduits que l'œil parcourt rapidement et où il découvre aisément la Voie cherchée dont les extrémités sont marquées par des noms de lieux qui en forment les origines.

Exemple : Tableau III. — La *Dordogne*, rivière. Le Tableau porte les deux latitudes 44-46 et les deux longitudes 1 (E) — 3 (O), ce qui signifie que les origines extrêmes : *Bort* et la *Garonne* au *Bec d'Ambès*, sont compris entre les 44e et 46e degrés de latitude et entre le 1er degré de longitude Est et le 3e degré de longitude Ouest.

Notre but était de composer une *Carte des Voies Navigables* proprement dites et non une *Carte hydrographique*. Pour l'atteindre, nous avons dû faire abstraction de tous les cours d'eau naturels qui sont ou ne sont pas *flottables*, soit en *trains* ou *radeaux*, soit à *bûches perdues*. Nous n'avons représenté, sur cette Carte, que les *rivières navigables* proprement dites et les parties de celles de ces rivières qui sont simplement *flottables* en remontant vers leurs sources. Ces parties sont distinguées par des signes conventionnels.

Nous avons dû faire également abstraction de tous les Canaux d'*irrigation* et de *desséchement* qui ne sont pas, en même temps, *Navigables*, dans l'acception ordinaire de ce mot.

La Carte ne contient donc que des indications spéciales à la Navigation.

Nous avons pensé que cette Carte offrirait plus d'intérêt si elle était disposée de manière à présenter l'ensemble du réseau des Lignes Navigables de la Belgique et des Provinces de la Rive Gauche du Rhin. Les Voies d'eau de ces divers Etats sont en communication naturelle et en quelque sorte immédiate avec le réseau de celles du Nord de l'Empire Français. Cette extension est donc parfaitement justifiée.

Les relations commerciales et industrielles des départements du Nord et de l'Est de la France avec la Belgique, la Prusse Rhénane, la Hollande et le Duché de Luxembourg s'accroitront certainement et se multiplieront en proportion des facilités qu'offrira aux commerçants et aux industriels de ces divers pays, la connaissance exacte des moyens de communication qui les relient les uns aux autres. La communauté des intérêts matériels ne peut que favoriser les relations amicales entre les peuples. Cette double considération nous a donc engagé à étendre le périmètre de la Carte au-delà des frontières du Nord de l'Empire, à y tracer les Voies d'eau qui sillonnent les territoires des Etats situés sur la Rive Gauche du Rhin, et à mentionner dans les Tableaux IV et V tous les documents statistiques et techniques qui intéressent à la fois la France, la Belgique, la Hollaude, la Prusse Rhénane et le Grand-Duché de Luxembourg dans leurs rapports commerciaux et industriels.

Nous avons voulu faire une Œuvre Française et Internationale. Notre satisfaction sera complète si nous pouvons atteindre ce double but.

II. — Définition des termes techniques dont on fait usage dans les tableaux III. — IV.

NAVIGATION NATURELLE. — NAVIGATION AMÉLIORÉE OU PERFECTIONNÉE. — NAVIGATION FLUVIALE ET MARITIME.

La navigation *naturelle* existe sur un cours d'eau lorsque sa profondeur permet aux bateaux de commerce d'y passer sans difficultés.

La navigation est *améliorée* ou *perfectionnée* en lit de rivière, au moyen d'ouvrages faits de main d'homme.

La navigation est *fluviale* ou *maritime* : *Fluviale*, lorsque le cours d'eau n'est fréquenté que par des bateaux de rivières et de canaux ; *Maritime*, lorsque les navires de mer le remontent.

LIT DES INONDATIONS. — LIT MAJEUR. — LIT MINEUR. — LIT D'ÉTIAGE.

Le lit des *Inondations* d'un cours d'eau est l'espace couvert par les plus grands débordements ; le lit *Majeur*, l'espace couvert par les crues sans débordements ; le lit *Mineur*, l'espace occupé par les eaux ordinaires et moyennes ; le lit d'*Étiage* (que l'on confond quelquefois avec le lit des basses eaux), est l'espace sur lequel se répandent les eaux dans la saison où elles sont le moins abondantes.

CURAGE, APPROFONDISSEMENT ET DRAGAGE DES RIVIÈRES NAVIGABLES.

Lorsqu'un cours d'eau navigable n'offre pas une suffisante profondeur, on en fait le *curage* et l'*approfondissement* au moyen d'une opération que l'on appelle *dragage*, laquelle consiste à extraire, enlever et porter hors du lit les matières qui en proviennent.

RECTIFICATION, REDRESSEMENT ET RÉGULARISATION DU LIT.

Un cours d'eau très-sinueux présente plusieurs sortes de difficultés aux bateaux ; on exécute assez souvent des ouvrages dont le but est de le *rectifier*, de le *redresser* et d'en *régulariser* la direction.

FIXATION ET DÉFENSES DE RIVES.

Lorsqu'un cours d'eau a beaucoup de pente et que ses rives sont formées de matières légères, on les protége à l'aide d'ouvrages qui ont pour objet de fixer les berges afin de les défendre contre l'action des eaux et des glaces.

A cet effet, on emploie les *perrés, enrochements, fascinages*, *clayonnages*, *plantations*, *éperons*, *épis*, *revêtements de charpente*, et d'autres moyens locaux.

Les *éperons* et les *épis* sont des ouvrages en saillie sur les rives, et formant barrage incomplet.

FERMETURE DE FAUX BRAS.

Une rivière navigable qui se divise en plusieurs bras, laisse les eaux s'écouler simultanément par ces bras multiples ; on les *ferme* généralement en n'en conservant qu'un, le bras navigable, dans lequel passent la plus grande partie des eaux moyennes et les eaux basses. Une augmentation de profondeur dans le bras unique est le résultat ordinaire de cette opération.

ENDIGUEMENTS SUBMERSIBLES. — RÉTRÉCISSEMENT DU LIT NATUREL. — CHENAL ARTIFICIEL.

Quand une rivière, dans la saison des eaux basses, n'offre pas une profondeur suffisante, eu égard à la grande largeur du lit d'étiage, on établit des ouvrages qui ont pour but de diminuer cette largeur : ce sont des *endiguements submersibles* à l'aide desquels on crée un chenal ou lit artificiel par *rétrécissement*. Ces ouvrages sont formés, en général, de pierres, quelquefois de bois et de branchages. Les digues submersibles par les crues, sont accompagnées quelquefois d'*épis* ou *traverses*.

ÉCLUSES.

Il y a plusieurs sortes d'*écluses*.

L'Ecluse à sas est un ouvrage établi généralement en maçonnerie ; c'est un véritable bassin dans lequel on introduit les bateaux. Au moyen de portes qui ferment les deux extrémités de ce bassin, on soulève ou on abaisse, à volonté, le niveau de l'eau ainsi que le bateau qui s'y trouve contenu. C'est par ce moyen simple que les pentes sont rachetées sur les canaux navigables.

L'Ecluse de garde en rivière peut être une écluse à sas ou une simple écluse de garde. Dans l'un et l'autre cas, l'écluse est munie de portes qui sont plus élevées que les inondations de la rivière.

L'écluse *maritime* ou de *marée,* analogue à l'écluse de garde en rivière, est accompagnée de portes de *flot* ou de *garde* contre la mer, et de portes d'*ebbe* ou de retenue des eaux des bassins à flot ; celles-ci sont *arc-boutées* ou *busquées* en sens inverse des premières.

DÉRIVATIONS.

Ce sont des *Canaux* ou des *Rigoles* dont l'origine d'amont aboutit, soit à un cours d'eau, soit à un bassin d'eau.

Il y a des *dérivations à pente* et des *dérivations à écluses*.

BARRAGES DE RIVIÈRES.

Ainsi que leur nom l'indique, ces ouvrages barrent la rivière dont ils relèvent les eaux. Il y a des *barrages fixes*, des *barrages mobiles*, des *barrages éclusés*, etc., etc.

Les *barrages fixes* ont une hauteur constante, quel que soit le niveau de la rivière.

Les *barrages mobiles* sont disposés de manière à s'effacer pour laisser passer les crues ; il y en a de plusieurs sortes.

Les *barrages éclusés* sont accompagnés d'une écluse à sas qui rachète la chute et facilite la remonte et la descente des bateaux.

PERTUIS.

Les barrages de rivières navigables sont accompagnés d'ouvertures que l'on nomme *portes* ou *pertuis* pour le passage des eaux et des bateaux.

Il existe aussi des pertuis sur les rivières ou parties de rivières flottables.

L'écluse à sas qui accompagne les barrages sur les rivières navigables est un pertuis d'une forme particulière.

Les pertuis sont fermés de diverses manières : par des *portes*, des *poutres horizontales*, des *aiguilles verticales*, et par d'autres mécanismes dont les dispositions et le nombre sont illimités.

CANAL DE NAVIGATION.

On appelle *canal de navigation* un grand fossé, un lit artificiel, ouvert en-dehors de celui des rivières, pour le passage des bateaux.

Il y a des *canaux à pente* et des *canaux à écluses.*

Chaque partie de canal comprise entre deux écluses se nomme *bassin* ou *bief.*

Le *canal à point de partage* se compose de deux branches

qui, partant d'un bassin culminant établi sur un faîte séparatif de deux vallées contiguës, descendent dans chacune d'elles. Le bassin ou bief culminant se nomme *bief de partage*; les eaux qu'il contient se partagent entre ces deux branches.

Chaque branche est plus ou moins éloignée de la rivière qui coule dans la vallée et à laquelle il est latéral.

Un *canal latéral* proprement dit ne franchit pas le faîte de deux vallées opposées ; il reste dans l'une d'elles.

Le canal à point de partage est formé de deux Canaux latéraux qui se rejoignent au faîte séparatif de deux vallées sur le versant ou bassin desquels chacun des deux canaux est placé.

RIGOLES.

Ce sont des petits canaux qui conduisent les eaux alimentaires dans le canal de navigation.

Il y a des *rigoles à pente* et des *rigoles éclusées*.

RÉSERVOIRS D'EAU.

Ce sont, proprement, des magasins d'eau formés essentiellement par une digue en terre ou en maçonnerie qui barre une vallée, comme les étangs ordinaires. Ces *réservoirs* sont remplis par les eaux, soit de la rivière qui coule dans la vallée, soit de pluies et de neiges qui tombent sur son versant naturel. Quelquefois on y conduit des eaux étrangères, au moyen de rigoles d'alimentation qui passent d'une vallée dans l'autre.

Ces réservoirs fournissent l'eau nécessaire aux canaux de navigation pendant l'été.

Observation importante.

Dans deux colonnes des tableaux suivants III-IV, de la page 22 à la page 57, on a indiqué, par des chiffres superposés, les longueurs et largeurs variables des Écluses des Rivières navigables et des Canaux. La longueur peut être mesurée de diverses manières : entre les têtes des Écluses, entre les pointes des buscs, entre le mur de chute et la chambre des portes, etc., etc. La largeur peut également varier, en raison des inégalités d'ouverture des sas, du fruit des bajoyers, etc., etc.

De cette observation il résulte que les dimensions indiquées dans les tableaux diffèrent, en plus ou en moins, selon la manière de les mesurer.

Les Écluses de dimensions *minima* doivent être successivement reconstruites et agrandies; les indications concernant ces travaux d'art n'ont donc qu'une exactitude relative et temporaire.

III

VOIES NAVIGABLES

DE

L'EMPIRE FRANÇAIS.

§ Ier. — RIVIÈRES NAVIGABLES.

§ II. — CANAUX.

§ Ier. — RIVIÈRES

DÉSIGNATION des RIVIÈRES NAVIGABLES.	POSITION GÉOGRAPHIQUE. LATITUDES.	POSITION GÉOGRAPHIQUE. LONGITUDES Est (E). LONGITUDES Ouest (O).	DÉVELOPPEMENT de la partie navigable.	NAVIGATION Fluviale (F.) Maritime (M.)	ORIGINES DE LA NAVIGATION FLUVIALE. Amont.	ORIGINES DE LA NAVIGATION FLUVIALE. Aval.
			kil.			
AA	50—51	0 — 1 (O)	29 1/2 + 5 1/2 = 35	F. - M.	SAINT-OMER.	GRAVELINES.
ACHENEAU	47—48	4 (O) — 5 (O)	22 1/2	F.	LAC DE GRAND-LIEU.	LOIRE. Fl.
ADOUR	43—44	2 (O) — 4 (O)	107 1/2+6 1/2 = 114	F. - M.	MUGRON.	BAYONNE.
AFF	47—48	4 (O) — 5 (O)	8 1/2	F.	LA GACILLY.	OUST CANALISÉ
AIN	45—47	2 (E) — 4 (E)	87	F.	CONDES.	RHONE Fl. (Anthon.)
AISNE	49—50	0 — 2 (E)	119 1/2	F.	NEUFCHATEL.	OISE. Riv. (Compiègne.)
ALLIER	45—47	0 — 2 (E)	232	F.	FONTANES.	LOIRE. Fl. (Bec d'Allier.)
ANDELLE	49—50	1 (O) — 2 (O)	3	F.	ROMILLY.	SEINE. Fl.
ANNECY (lac d')	45—46	3 (E) — 4 (E)	16	F.	»	»
ARAN ou LARAN	43—44	3 (O) — 4 (O)	11	F.	MOULIN DE BARDOS.	ADOUR. Riv.
ARDANABIA	43—44	3 (O) — 4 (O)	4 1/2	F.	PORTOBERRY (Ce de Briscous).	ADOUR. Riv.
ARDÈCHE	44—45	2 (E) — 3 (E)	8	F.	SAINT-MARTIN-D'ARDÈCHE.	RHONE. Fl.
ARGUENON	48—49	4 (O) — 5 (O)	9 1/2	M.	»	»
ARIÉGE	43—44	0 — 1 (O)	32	F.	CINTEGABELLE.	GARONNE Fl.
ARROUX	46—47	1 (E) — 2 (E)	19 1/2	F.	GUEUGNON.	LOIRE Fl.
ARZ ou ARTZ	47—48	4 (O) — 5 (O)	11	F.	7 kil. aval de Rochefort.	OUST CANALISÉ.
AUBE	48—49	1 (E) — 2 (E)	44	F.	ARCIS.	SEINE Fl. (Marcilly.)
AULNE	48—49	6 (O) — 7 (O)	35	M.	»	»
AURAY	47—48	5 (O) — 6 (O)	14	M.	»	»
AURE	49—50	3 (O) — 4 (O)	16	F.	TRÉVIÈRES.	VIRE. Riv. (Isigny.)
AUTHIE	50—51	0 — 1 (O)	11	M.	»	»

NAVIGABLES.

ORIGINES DE LA NAVIGATION MARITIME.		ÉCLUSES.		NATURE DES OUVRAGES établis POUR AMÉLIORER LA NAVIGATION.
Amont.	Aval.	LONGUEURS	LARGEURS.	
		m.	m.	
GRAVELINES.	MER DU NORD.	42 »	5 50	Écluses. — Curages. — Approfondissements. (*F.-B.*)
»	»	»	4 80	Écluses avec portes de retenue et de flot.
BAYONNE.	OCÉAN.	»	»	Curages. — Barrages avec pertuis. — Digues submersibles de rétrécisssement. (*A.*)
»	»	»	»	Rectification. — Redressement.
»	»	»	»	Navigation naturelle.
»	»	46 »	8 »	Navigation naturelle entre Neufchâtel et Condé. — Barrages éclusés entre Condé et Compiègne. (*F. - B.*)
»	»	»	»	Navigation naturelle. (*F.*)
»	»	60 »	5 »	Porte marinière. — Canal éclusé.
»	»	»	»	Navigation naturelle dans toute son étendue.
»	»	»	»	Navigation naturelle.
»	»	»	»	Navigation naturelle.
»	»	»	»	Navigation naturelle.
PLANCOET.	MANCHE.	»	»	Redressement.
»	»	»	»	Barrages avec pertuis.
»	»	»	»	Navigation naturelle.
»	»	»	»	Navigation naturelle.
»	»	40 »	7 80	Dérivations éclusées.
CHATEAULIN.	OCÉAN.	»	»	Navigation naturelle. (*A.*)
AURAY.	OCÉAN.	»	»	Navigation naturelle.
»	»	»	»	Rectifications du lit.
COLLINES.	MANCHE.	»	»	Navigation naturelle.

DÉSIGNATION des RIVIÈRES NAVIGABLES.	POSITION GÉOGRAPHIQUE.		DÉVELOPPEMENT de la partie navigable.	NAVIGATION Fluviale (F.) Maritime (M.)	ORIGINES DE LA NAVIGATION FLUVIALE.	
	LATITUDES.	LONGITUDES Est (E). LONGITUDES Ouest (O).			Amont.	Aval.
			kil.			
AUTHION	47—48	2 (O) — 3 (O)	50 1/2	F.	Chaussée de Vivy.	Loire. Fl.
AUTISE (Vieille)	46—47	2 (O) — 4 (O)	10	F.	Courdault.	Sèvre Niortaise Riv. (Bazoin).
AVEN ou PONT-AVEN	47—48	6 (O) — 7 (O)	6 1/2	M.	»	»
AVRE	49—50	0 — 1 (E)	21	F.	Moreuil.	Somme canalisée
BAYSE	43—45	1 (O) — 2 (O)	56	F.	Condom.	Garonne. Fl. (Saint-Léger).
BELON	47—48	5 (O) — 7 (O)	8 1/2	M.	»	»
BIDASSOA	43—44	4 (O) — 5 (O)	9	M.	»	»
BIDOUZE	43—44	3 (O) — 4 (O)	17 1/2	F.	Came.	Adour. Riv.
BLAVET	47—48	5 (O) — 6 (O)	15	M.	»	»
BOULOGNE	47—48	3 (O) — 4 (O)	7	F.	Forsin.	Lac de Grand-Lieu
BOURGET (lac du)	45—46	3 (E) — 4 (E)	25	F.	»	»
BOURRE	50—51	0 — 1 (E)	7 1/2	F.	Canal de Préaven.	Lys. Riv. (Merville.)
BOUTONNE	45—46	2 (O) — 4 (O)	31	F.	Saint-Jean-d'Angely.	Charente. Riv. (Carillon.)
BRIVÉ	47—48	4 (O) — 5 (O)	30	F.	Cahilo.	Loire Fl. (Méan).
CANCHE	50—51	0 — 1 (O)	9 1/2 + 6 1/2 = 16	F. - M.	Montreuil.	Etaples.
CHALARONNE	46—47	2 (E) — 3 (E)	1	F.	Thoissey.	Saone. Riv.
CHARENTE	45—46	2 (O) — 4 (O)	95 1/2 + 70 = 165 1/2	F. - M.	Angoulême.	Saintes.
CHER	47—48	0 — 2 (O)	90	F.	Vierzon.	Loire. Fl. (En face de Cinq-Mars.)
CHER	47—48	4 (O) — 5 (O)	5	F.	Cahau-la-Souchais.	Vilaine Riv. (Langon.)
CHIERS	49—50	2 (E) — 3 (E)	9 1/2	F.	Brévilly.	Meuse. Riv. (près Sédan.)
COUESNON	48—49	3 (O) — 4 (O)	17 1/2	F.	Antrain.	Manche. (Baie du Mont Saint-Michel.)

ORIGINES DE LA NAVIGATION MARITIME.		ÉCLUSES.		NATURE DES OUVRAGES établis POUR AMÉLIORER LA NAVIGATION.
Amont.	Aval.	LONGUEURS	LARGEURS.	
		m.	m.	
»	»	»	5 20	Ecluse de garde et barrage.
»	»	»	»	Navigation naturelle.
PONT-AVEN.	OCÉAN.	»	»	Navigation naturelle.
»	»	»	»	Navigation naturelle.
»	»	28 20	4 30	Écluses, barrages et dérivations. (A.)
QUISTINIC.	OCÉAN.	»	»	Navigation naturelle.
BORDARRAPIA.	OCÉAN.	»	»	Navigation naturelle.
»	»	»	»	Navigation naturelle.
HENNEBONT.	OCÉAN.	»	»	Navigation naturelle. (A.)
»	»	»	»	Navigation naturelle.
»	»	»	»	Navigation naturelle dans toute son étendue.
»	»	91 » 275 »	4 »	Rivière canalisée faisant partie de la ligne d'Hazebrouck à Merville.
»	»	33 »	5 50	Barrages éclusés.
»	»	»	5 20	Écluse de marée.
ETAPLES.	MANCHE.	»	»	Navigation naturelle.
»	»	»	»	Navigation naturelle.
SAINTES.	OCÉAN.	35 »	6 50	Écluses, dérivations entre Angoulême et Saintes. — Navigation naturelle entre Saintes et la mer. — Le développement du lit naturel est de 167 kil. 1/2. (A.)
»	»	»	»	Navigation naturelle non compris la partie canalisée (*Canal de Berri*) entre Noyers et Tours de 59 kil.
»	»	»	»	Navigation naturelle.
»	»	»	»	Navigation naturelle.
»	»	»	»	Navigation naturelle.

DÉSIGNATION des RIVIÈRES NAVIGABLES.	POSITION GÉOGRAPHIQUE. LATITUDES.	POSITION GÉOGRAPHIQUE. LONGITUDES Est (E). LONGITUDES Ouest (O).	DÉVELOPPEMENT de la partie navigable.	NAVIGATION Fluviale (F.) Maritime (M.)	ORIGINES DE LA NAVIGATION FLUVIALE. Amont.	ORIGINES DE LA NAVIGATION FLUVIALE. Aval.
CREUSE	46—48	1 (O) — 2 (O)	kil. 8	F.	AUVERNIÈRE.	VIENNE. Riv. (Port de Piles.
DAOULAS	48—49	6 (O) — 7 (O)	7	M.	»	»
DIVES	49—50	2 (O) — 3 (O)	22 + 2 = 24	F. - M.	CORBON.	DIVES.
DON	47—48	4 (O) — 5 (O)	8	F.	GUÉMÉNÉ.	VILAINE. Riv.
DORDOGNE	44—46	1 (E) — 3 (O)	330 + 64 = 394	F. - M.	BORT.	SAINT-JEAN-DE-BLAGNAC.
DORE	45—46	1 (E) — 2 (E)	30	F.	LA NAUD.	ALLIER. Riv.
DOSSEN	48—49	6 (O) — 7 (O)	6	M.	»	»
DOUBS	46—48	2 (E) — 4 (E)	53	F.	DOLE.	SAONE. Riv. (Verdun.)
DOUVES	49—50	3 (O) — 4 (O)	30 1/2	F.	SAINT-SAUVEUR-LE-VICOMTE.	TAUTE. Riv.
DRONNE	45—46	2 (O) — 3 (O)	4 1/2	F.	ST-AIGULIN.	ISLE. Riv. (Laubardemont.
DROPT	44—45	1 (O) — 3 (O)	63 1/2	F.	EYMET.	GARONNE. Fl.
EFF ou LEFF	48—49	5 (O) — 6 (O)	3	M.	»	»
ELLÉ ou LAÏTA	47—48	5 (O) — 6 (O)	15	M.	»	»
ELORN ou LANDERNEAU	48—49	6 (O) — 7 (O)	14	M.	»	»
ERDRE	47—48	3 (O) — 4 (O)	5 1/2	M.	»	»
ESCAUT	50—52	0 — 2 (E)	185 1/2 + 147 1/2 = 333	F. - M.	CAMBRAI.	GAND. (Belgique.)
EURE	48—50	0 — 2 (O)	86	F.	ST-GEORGES.	SEINE. Fl.
FAOU	48—49	6 (O) — 7 (O)	5	M.	»	»
FIER	45—46	3 (E) — 4 (E)	3	F.	Limite du départ. de la Savoie.	RHONE. Fl.
GARONNE	43—46	0 — 4 (O)	318 + 150 = 468	F. - M.	CONF. DU SALAT.	CASTETS.

ORIGINES DE LA NAVIGATION MARITIME. Amont.	Aval.	ÉCLUSES. LONGUEURS	LARGEURS.	NATURE DES OUVRAGES établis POUR AMÉLIORER LA NAVIGATION.
		m.	m.	
»	»	»	»	Navigation naturelle.
DAOULAS.	OCÉAN. (Rade de Brest.)	»	»	Navigation naturelle.
DIVES.	MANCHE.	»	»	Redressements.
»	»	»	»	Navigation naturelle.
SAINT-JEAN-DE-BLAGNAC.	GARONNE. Fl. (Bec d'Ambès.)	34 » 52 50	6 » 8 50	Entre Bort et Limeuil, navigation naturelle. — Dérivations et barrages éclusés entre Limeuil et Bergerac. — Entre Bergerac et le Bec d'Ambès, navigation naturelle avec une seule écluse. (A.)
»	»	»	»	Navigation naturelle.
MORLAIX.	MANCHE.	»	»	Navigation naturelle.
»	»	»	»	Navigation naturelle, non compris la partie canalisée en amont de Dôle (*Canal du Rhône au Rhin*).
»	»	»	»	Navigation naturelle.
»	»	»	»	Dérivations.
»	»	22 10	4 80	Écluses. — Elargissements. — Approfondissements.
QUIMPER. (Côtes du Nord.)	TRIEUX. Riv.	»	»	Navigation naturelle.
QUIMPERLÉ.	OCÉAN.	»	»	Navigation naturelle.
LANDERNEAU.	OCÉAN. (Rade de Brest.)	»	»	Navigation naturelle.
NORT.	LOIRE. Fl. (Nantes.)	»	»	Navigation naturelle, non compris la partie canalisée (*Canal de Nantes à Brest*).
GAND. (Belgique.)	MER DU NORD.	38 80 42 56	5 20	Barrages mobiles éclusés. — Approfondissements du lit. (*F.-B.*)
»	»	37 74 37 90	5 20	Canaux de dérivations. — Écluses.
LE FAOU.	OCÉAN. (Rade de Brest.)	»	»	Navigation naturelle.
»	»	»	»	Navigation naturelle.
CASTETS.	OCÉAN.	» » 35 40	7 80 6 »	Pertuis à Saint-Martory. — Écluse à Toulouse. — Rétrécissement du lit au moyen de digues longitudinales. — Fermeture de faux bras entre Toulouse et le Bec-d'Ambès. — Navigation naturelle entre le Bec-d'Ambès et la mer. (*F.-A.*)

DÉSIGNATION des RIVIÈRES NAVIGABLES.	POSITION GÉOGRAPHIQUE.		DÉVELOPPEMENT de la partie navigable.	NAVIGATION Fluviale (F.) Maritime (M.)	ORIGINES DE LA NAVIGATION FLUVIALE.	
	LATITUDES.	LONGITUDES Est (E). LONGITUDES Ouest (O).			Amont.	Aval.
			kil.			
GAVES RÉUNIS....	43—44	3 (O) — 4 (O)	9 1/2	F.	LA COUDETTE.	ADOUR. Riv. (Bec des Gaves.)
GERS............	44—45	1 (O) — 2 (O)	2	F.	LAYRAC.	GARONNE.
GOUET...........	48—49	5 (O) — 6 (O)	5	M.	»	»
GOYEN...........	48—49	6 (O) — 7 (O)	7	M.	»	»
GUER............	48—49	5 (O) — 6 (O)	7	M.	»	»
GUINDY..........	48—49	5 (O) — 6 (O)	10	M.	»	»
HAUTE-PERCHE ..	47—48	4 (O) — 5 (O)	11 + 1 = 12	F. - M.	HAUTE-PERCHE.	PORNIC.
HÉRAULT.........	43—44	1 (E) — 2 (E)	6 + 5 = 11	F. - M.	BESSAN.	AGDE.
ILL..............	48—49	5 (E) — 6 (E)	97	F.	COLMAR.	RHIN. Fl.
ISÈRE...........	45—46	2 (E) — 4 (E)	164	F.	MONTMEILLAN.	RHONE. Fl.
ISLE.............	44—46	1 (O) — 3 (O)	114+31=145	F. - M.	PÉRIGUEUX.	CONFLUENT DE LA DRONNE. (Laubardemont.)
JAUDY...........	48—49	5 (O) — 6 (O)	14	M.	»	»
LABERBENOIT....	48—49	6 (O) — 7 (O)	6	M.	»	»
LABERWRACH....	48—49	6 (O) — 7 (O)	7	M.	»	»
LAY..............	46—47	3 (O) — 4 (O)	12 1/2 + 10 = 22 1/2	F. - M.	CLAYE.	MAURICQ.
LAYON...........	47—48	2 (O) — 3 (O)	6	F.	CHAUDEFONDS.	LOIRE. Fl.
LAW ou Canal de BéTHUNE.......	50—51	0 — 1 (E)	18 1/2	F.	BÉTHUNE.	LYS. Riv.
LÉMAN (Lac)......	46—47	3 (E) — 5 (E)	52 1/2	F.	»	»
LEZ..............	43—44	1 (E) — 2 (E)	11	F.	MONTPELLIER.	MÉDITERRANÉE.
LEYRE...........	44—45	3 (O) — 4 (O)	5	F.	LA MOTHE.	BASSIN D'ARCACHON.
LEYSSE..........	45—46	3 (E) — 4 (E)	» 1/2	F.	LE HAUT-VARRON. (Ce du Bourget.)	LAC DU BOURGET.
LÉZARDE.........	49—50	2 (O) — 3 (O)	1 1/2	M.	»	»
LOIR............	47—48	1 (O) — 3 (O)	114	F.	COEMONT.	SARTHE. Riv.

ORIGINES DE LA NAVIGATION MARITIME.		ÉCLUSES.		NATURE DES OUVRAGES établis POUR AMÉLIORER LA NAVIGATION.
Amont.	Aval.	LONGUEURS	LARGEURS.	
		m.	m.	
»	»	»	»	Formation d'un lit mineur au moyen de digues. — Réunion du Gave de Pau et du Gave d'Oléron. (*A.*)
»	»	»	»	Navigation naturelle. (*F. - A.*)
…gue S.-Brieuc.	Manche.	»	»	Navigation naturelle.
Pont-Croix.	Océan.	»	»	Navigation naturelle.
Lannion.	Manche.	»	»	Navigation naturelle.
…nf. du Jaudy. (Tréguier.)	Manche.	»	»	Navigation naturelle.
Pornic.	Océan.	46 50	4 80	Écluse à Sas.
Agde.	Méditerranée.	»	»	Navigation naturelle.
»	»	31 » 37 60	5 20 6 »	Barrages à poutrelles horizontales. — Dans le développement de 97 kil., sont compris 6 kil. 1/2 considérés comme un canal entre la grande écluse des fortifications à Strasbourg et le canal du Rhône au Rhin.
»	»	»	»	Digues et épis submersibles.
Confluent de la Dronne. (…aubardemont.)	Dordogne. Riv. (Libourne.)	23 »	4 55	Barrages éclusés. — Dérivations. — Digues latérales. (*A.*).
RocheDerrien	Guindy. Riv.	»	»	Navigation naturelle.
Tréglonou	Manche.	»	»	Navigation naturelle.
Paluden.	Manche.	»	»	Navigation naturelle.
Mauricq.	Océan.	»	»	Dérivations.
»	»	»	»	Navigation naturelle.
»	»	40 » 96 »	5 10 5 30	Écluses.
»	»	»	»	Navigation naturelle dans toute l'étendue des eaux françaises.
»	»	40 »	6 »	Écluses.
»	»	»	»	Navigation naturelle.
»	»	»	»	Navigation naturelle.
Harfleur.	Seine. Fl.	»	»	Navigation naturelle.
»	»	»	4 70 6 60	Pertuis de Navigation. (*A.*)

DÉSIGNATION des RIVIÈRES NAVIGABLES.	POSITION GÉOGRAPHIQUE.		DÉVELOPPEMENT de la partie navigable.	NAVIGATION Fluviale (F.) Maritime (M.)	ORIGINES DE LA NAVIGATION FLUVIALE.	
	LATITUDES.	LONGITUDES Est (E). LONGITUDES Ouest (O).			Amont.	Aval.
			kil.			
LOIRE	45—48	2 (E) — 5 (O)	782+53=835	*F. - M.*	La Noirie.	**Nantes.**
LOIRET	47—48	0 — 1 (O)	3 1/2	*F.*	Saint-Nicolas-saint-Mesmin.	Loire. **Fl.**
LOT	44—45	1 (E) — 2 (O)	300 1/2	*F.*	Entraygues.	Garonne. **Fl.** (Aiguillon.)
LUY	43—44	3 (O) — 4 (O)	24	*F.*	Moulin d'Oro. (Ce de Saugnac.)	Adour. **Riv.**
LYS	50—52	0 — 2 (E)	159 1/2	*F.*	Aire.	Escaut. **Fl.** (Gand-Belgique.)
MAINE (Petite)	47—48	3 (O) — 4 (O)	4	*F.*	Chat. Thébaud.	Sèvre-Nantaise. Riv.
MARDYCK	50—51	0 — 1 (O)	7	*F.*	Heunuin.	Aa. **Riv.**
MARNE	48—50	0 — 3 (E)	364	*F.*	Saint-Dizier.	Seine. **Fl.** (Charenton.)
MAYENNE	47—49	2 (O) — 3 (O)	134 1/2	*F.*	Mayenne.	Loire. **Fl.** (La Pointe.)
MERDERET	49—50	3 (O) — 4 (O)	5	*F.*	La Fière.	Douves. **Riv.**
MEU	48—49	4 (O) — 5 (O)	3	*F.*	Chavagne.	Vilaine. **Riv.**
MEURTHE	48—49	3 (E) — 4 (E)	12	*F.*	Nancy.	Moselle. **Riv.**
MEUSE	49—52	1 (E) — 4 (E)	495+50=545	*F. - M.*	Verdun.	**Dordrecht.** (**Hollande.**)
MIDOUZE	43—44	2 (O) — 4 (O)	43	*F.*	Mont-de-Marsan.	Adour. **Riv.** (Le Hourquet).
MIGNON	46—47	2 (O) — 3 (O)	11	*F.*	Les Gueux. (aval de Mauzé.)	Sèvre-Niortaise Riv. (**Bazoin.**)
MORIN (Grand)	48—49	0 — 1 (E)	12 1/2	*F.*	Tigeaux.	Marne. **Riv.** (Saint-Germain-lès-Couilly.)
MOSELLE	48—51	3 (E) — 6 (E)	357	*F.*	Frouard.	Rhin. **Fl.** (Coblentz-Prusse Rhénane.)
NIVE	43—44	3 (O) — 4 (O)	22	*F.*	Cambo.	Adour. **Riv.** (Bayonne.)
NIVELLE	43—44	4 (O) — 5 (O)	6 1/2	*F.*	Ascain.	Golfe de Gascogne. (St-Jean-de-Luz)

ORIGINES DE LA NAVIGATION MARITIME.		ÉCLUSES.		NATURE DES OUVRAGES établis POUR AMÉLIORER LA NAVIGATION.
Amont.	Aval.	LONGUEURS	LARGEURS.	
		m.	m.	
NANTES.	OCÉAN.	»	»	Digues submersibles établies, à titre d'essai, sur quelques parties de son cours. — Barrages mobiles à Roanne et à Decize. (*F.-A.*)
»	»	»	»	Navigation naturelle.
»	»	33 »	5 20	Navigation naturelle entre Entraygues et Lévignac. — Barrages éclusés et dérivations entre Lévignac et Aiguillon. — Le développement du lit naturel est de 313 kil. (*F.-A.*)
»	»	»	»	Navigation naturelle.
»	»	38 » / 40 »	5 »	Barrages mobiles éclusés. — Redressement du lit.
»	»	»	»	Navigation naturelle.
»	»	»	»	Navigation naturelle.
»	»	51 »	7 80	Barrages éclusés. — Dérivations. — Pertuis. (*F.-B.*)
»	»	33 »	5 20	Barrages éclusés. — Dérivations. — Dragages. (*A.*)
»	»	»	»	Navigation naturelle.
»	»	»	»	Navigation naturelle.
»	»	»	»	Navigation naturelle.
DORDRECHT. (Hollande.)	MER DU NORD.	46 »	5 70	Dérivations éclusées entre Verdun et Visé en aval de Liége. — Entre Visé et Venloo, digues submersibles et épis. — Entre Venloo et la mer, navigation naturelle. (*B.*)
»	»	»	»	Approfondissements. — Rétrécissement du lit par des digues. (*A.*)
»	»	34 »	5 20	Approfondissements. — Redressement du lit. — Écluses.
»	»	»	»	Retenues d'usines.
»	»	36 »	6 »	Chenaux artificiels. — Curages. — Approfondissements. — Fixation de rives. — Une écluse à Metz (*P.*)
»	»	»	4 » / 7 »	Barrages avec pertuis.
»	»	»	»	Navigation naturelle.

DÉSIGNATION des RIVIÈRES NAVIGABLES.	POSITION GÉOGRAPHIQUE.		DÉVELOPPEMENT de la partie navigable.	NAVIGATION Fluviale (F.) Maritime (M.)	ORIGINES DE LA NAVIGATION FLUVIALE.	
	LATITUDES.	LONGITUDES Est (E). LONGITUDES Ouest (O).			Amont.	Aval.
ODET	47—48	6 (O) — 7 (O)	kil. 17	M.	»	»
OGNON	47—48	3 (O) — 4 (O)	5	F.	PONT-ST.-MARTIN.	LAC DE GRAND-LIEU.
OISE	49—50	1 (E) — 1 (O)	160	F.	CHAUNY.	SEINE. Fl. (Conflans Sainte-Honorine.)
ORB	43—44	0 — 1 (E)	3 1/2	F.	SÉRIGNAN.	MÉDITERRANÉE.
ORNE	49—50	2 (O) — 3 (O)	18	M.	»	»
OUDON	47—48	2 (O) — 4 (O)	19	F.	SÉGRÉ.	MAYENNE. Riv.
OURCQ	49—50	0 — 1 (E)	36 1/2	F.	PORT-AUX-PERCHES.	MARNE. Riv. (Lizy)
PENSEZ	48—49	6 (O) — 7 (O)	8	M.	»	»
PONT-DE-BUIS ou DOURDU	48—49	6 (O) — 7 (O)	5	F.	BRIN.	AULNE. Riv.
PONT-L'ABBÉ	47—48	6 (O) — 7 (O)	7	M.	»	»
POULDAVID ou PORT-RHU	48—49	6 (O) — 7 (O)	2	M.	»	»
RANCE	48—49	4 (O) — 5 (O)	18	M.	»	»
RHIN	47—52	1 (E) — 7 (E)	819+50=869	F. - M.	BALE. (Suisse.)	DORDRECHT. (Hollande.)
RHONE	43—47	2 (E) — 4 (E)	452+45=497	F. - M.	LE PARC.	ARLES.
RILLE	49—50	1 (O) — 2 (O)	14 + 14 1/2 = 28 1/2	F. - M.	MONTFORT.	PONT-AUDEMER.
SALAT	43—44	1 (O) — 2 (O)	17 1/2	F.	LACAVE.	GARONNE. Fl.
SAMBRE	50—51	1 (E) — 3 (E)	149 1/2	F.	LANDRECIES.	MEUSE. Riv. (Namur-Belgique)
SAONE	45—48	2 (E) — 4 (E)	313	F.	PORT-SUR-SAONE.	RHONE. Fl. (Lyon.)
SARRE	49—50	4 (E) — 5 (E)	122	F.	SARREGUEMINES.	MOSELLE. Riv. (Prusse-Rhénane)

ORIGINES DE LA NAVIGATION MARITIME.		ÉCLUSES.		NATURE DES OUVRAGES établis POUR AMÉLIORER LA NAVIGATION.
Amont.	Aval.	LONGUEURS	LARGEURS.	
QUIMPER.	OCÉAN. (Anse de Ben-Odet.)	m. »	m. »	Navigation naturelle.
»	»	»	»	Navigation naturelle.
»	»	51 »	8 »	Navigation naturelle entre Chauny et Janville. — Pertuis. — Barrages éclusés entre Janville et Conflans. (*F. B.*)
»	»	»	»	Navigation naturelle.
CAEN.	MANCHE. (Oyestreham.)	»	»	Navigation naturelle.
»	»	33 »	5 20	Portes marinières. — Écluse.
»	»	63 »	5 »	Écluses. — Pertuis. — Portes de garde. — Redressements. — La partie, entre Port-aux-Perches et Mareuil de 11 kil., est canalisée.
PENSEZ.	MANCHE.	»	»	Navigation naturelle.
»	»	»	»	Navigation naturelle.
PONT-L'ABBÉ.	OCÉAN. (Anse de Ben-Odet.)	»	»	Navigation naturelle.
Route impériale, 163.	DOUARNENEZ.	»	»	Navigation naturelle.
LE CHATELIER.	MANCHE. (Saint-Servan.)	»	»	Navigation naturelle. (A).
DORDRECHT. (Hollande.)	MER DU NORD.	»	»	Navigation naturelle. (*P.*)
ARLES.	MÉDITERRANÉE.	»	»	Barrages. — Digues en enrochements. — Régularisation d'un lit mineur. — Fermeture de faux bras. (*F.*)
PONT-AUDEMER.	SEINE. Fl.	19 » 20 »	3 20	Écluses et redressements. — La navigation n'a lieu, en réalité, qu'en aval de Pont-Audemer.
»	»	»	»	Navigation naturelle.
»	»	38 »	5 15	Élargissements. — Redressements. — Écluses
»	»	33 » 120 »	5 20 12 »	Écluses. — Pertuis. — Barrages. — Dérivations. — Le développement du lit naturel est de 365 kil. 1/2. (*F.*)
»	»	33 85 40 80	5 20 6 59	Barrages, écluses, dérivations entre Sarreguemines et Louisenthal. — Redressements entre Louisenthal et son confluent avec la Moselle.

DÉSIGNATION des RIVIÈRES NAVIGABLES.	POSITION GÉOGRAPHIQUE. LATITUDES.	LONGITUDES Est (E). LONGITUDES Ouest (O).	DÉVELOPPEMENT de la partie navigable.	NAVIGATION Fluviale (F.) Maritime (M.)	ORIGINES DE LA NAVIGATION FLUVIALE. Amont.	Aval.
			kil.			
SARTHE..........	47—48	2 (O) — 3 (O)	126 1/2	F.	LE MANS.	MAYENNE. Riv.
SCARPE..........	50—51	0 — 2 (E)	67	F.	ARRAS.	ESCAUT. Fl. (Mortagne.)
SCORFF..........	47—48	5 (O) — 6 (O)	12 1/2	M.	»	»
SÉE..............	48—49	3 (O) — 4 (O)	22 1/2	F.	TIREPIED.	MANCHE. (Baie du Mont Saint-Michel.)
SEILLE..........	46—47	2 (E) — 3 (E)	39	F.	LOUHANS.	SAONE. Riv.
SEINE............	48—50	2 (E) — 3 (O)	434 1/2 + 127 = 561 1/2	F. - M.	MARCILLY.	ROUEN.
SÉLUNE..........	48—49	3 (O) — 4 (O)	15 1/2	F.	DUCEY.	MANCHE. (Baie du Mont Saint-Michel.)
SEMOY..........	49—50	2 (E) — 3 (E)	18	F.	HAUTES RIVIÈRES.	MEUSE. Riv. (Lavaldieu.)
SEUDRE..........	45—46	3 (O) — 4 (O)	22	M.	»	»
SÈVES............	49—50	3 (O) — 4 (O)	7	F.	BEAUPTE.	DOUVES. Riv.
SÈVRE NANTAISE.	47—48	3 (O) — 4 (O)	20 1/2	F.	MONNIÈRES.	LOIRE. Fl. (Nantes.)
SÈVRE NIORTAISE	46—47	2 (O) — 4 (O)	54 + 13 1/2 = 67 1/2	F. - M.	NIORT.	MARANS.
SIENNE..........	49—50	3 (O) — 4 (O)	7 1/2	F.	LA ROQUE.	MANCHE.
SOMME..........	50—51	0 — 1 (O)	6	M.	»	»
STEENWERCK....	50—51	0 — 1 (E)	7	F.	STEENWERCK.	LYS. Riv. (Sailly.)
TARN............	43—45	0 — 2 (O)	148	F.	SAULT DE SABO.	GARONNE. Fl. (Boudou.)
TAUTE............	49—50	3 (O) — 4 (O)	21 + 8 1/2 = 29 1/2	F. - M.	MOULIN DU MESNIL.	CARENTAN.
TENU............	47—48	4 (O) — 5 (O)	15	F.	SAINT-MÊME.	ACHENEAU. Riv.
TERRETTE.......	49—50	3 (O) — 4 (O)	7	F.	SAINT-PIERRE.	TAUTE. Riv.
THAU (Étang de)...	43—44	1 (E) — 2 (E)	17	M.	»	»
THIOU..........	45—46	3 (E) — 4 (E)	3	F.	LAC D'ANNECY.	FIER. Riv.

ORIGINES DE LA NAVIGATION MARITIME.		ÉCLUSES.		NATURE DES OUVRAGES établis POUR AMÉLIORER LA NAVIGATION.
Amont.	Aval.	LONGUEURS	LARGEURS.	
		m.	m.	
»	»	33 »	5 20	Écluses. — Dérivations. — Le développement du lit naturel est de 132 kil. (*F.* - *A.*)
»	»	33 90 38 »	4 52 5 20	Écluses. — Redressements. — Approfondissements. Se divise en deux parties : Haute Scarpe, 24 kil.; Basse-Scarpe, 43 kil. (*F.* - *B.*)
PORT-SCORFF.	BLAVET. Riv. (près Lorient.)	»	»	Navigation naturelle.
»	»	»	»	Navigation naturelle.
»	»	30 40	6 34	Écluses. — Redressements du lit. — Dragages. (*F.*)
ROUEN.	MANCHE.	56 » 180 »	7 80 12 »	Barrages éclusés. — Dérivations. — Endiguements. (*F.* - *A.* - *B.*)
»	»	»	»	Navigation naturelle.
»	»	»	»	Navigation naturelle.
RIBEROU. (Com. de Saujon.)	OCÉAN.	»	»	Navigation naturelle.
»	»	»	»	Navigation naturelle.
»	»	36 »	5 80	Barrage éclusé.
MARANS.	OCÉAN.	34 »	5 20	Barrages éclusés. — Redressement du lit. — Curages. (*A.*)
»	»	»	»	Navigation naturelle. (*A.*)
SAINT-VALÉRY.	MANCHE.	»	»	Navigation naturelle. (*A.*)
»	»	18 »	3 »	Écluse.
»	»	34 » 42 50	5 20 6 »	Barrages éclusés. (*F.* - *A.*)
CARENTAN.	MANCHE.	»	»	Écluse de marée. (*F.* - *A.*)
»	»	»	»	Navigation naturelle.
»	»	»	»	Navigation naturelle.
Canaux de Cette et des Étangs.	CANAL DU MIDI.	»	»	Navigation naturelle. (*F.*)
»	»	»	»	Navigation naturelle.

DÉSIGNATION des RIVIÈRES NAVIGABLES.	POSITION GÉOGRAPHIQUE.		DÉVELOPPEMENT de la partie navigable.	NAVIGATION Fluviale (F.) Maritime (M.)	ORIGINES DE LA NAVIGATION FLUVIALE.	
	LATITUDES.	LONGITUDES Est (E). LONGITUDES Ouest (O).	kil.		Amont.	Aval.
THOUET	47—48	2 (O) — 3 (O)	23 1/2	F.	MONTREUIL-BELLAY.	LOIRE. Fl. (Saint-Florent.)
TOUQUES	49—50	2 (O) — 3 (O)	25 1/2 + 5 1/2 = 31	F. - M.	LE BREUIL.	TOUQUES.
TRIEUX..........	48—49	5 (O) — 6 (O)	18	M.	»	»
VANLOUE	49—50	3 (O) — 4 (O)	9 1/2	F.	Route de Saint-Lô à Périers.	TAUTE. Riv.
VANNES	47—48	5 (O) — 6 (O)	16	M.	»	»
VENDÉE	46—47	3 (O) — 4 (O)	25 1/2	F.	FONTENAY.	SÈVRE-NIORTAISE Riv.
VÉZÈRE..........	44—46	0 — 2 (O)	64 1/2	F.	TERRASSON.	DORDOGNE. Riv. (Limeuil.)
VIE (Calvados).....	49—50	2 (O) — 3 (O)	2 1/2	F.	CORBON.	DIVES. Riv.
VIE (Vendée)	46—47	4 (O) — 5 (O)	9	M.	»	»
VIENNE..........	46—48	1 (O) — 3 (O)	75	F.	CHATELLERAULT.	LOIRE. Fl. (Candes.)
VILAINE	47—49	3 (O) — 5 (O)	95 + 49 = 144	F. - M.	CESSON.	REDON.
VIRE..........	48—50	3 (O) — 4 (O)	46 + 21 1/2 = 67 1/2	F. - M.	PONTFARCY.	LE PORRIBET.
YONNE..........	47—49	0 — 2 (E)	119 1/2	F.	AUXERRE.	SEINE Fl. (Montereau.)

ORIGINES DE LA NAVIGATION MARITIME.		ÉCLUSES.		NATURE DES OUVRAGES établis POUR AMÉLIORER LA NAVIGATION.
Amont.	Aval.	LONGUEURS	LARGEURS.	
		m.	m.	
»	»	33 »	5 25	Écluses. — Curages. — Approfondissements du lit.
TOUQUES.	MANCHE.	»	»	Navigation naturelle.
PONTRIEUX.	MANCHE.	»	»	Navigation naturelle.
»	»	»	»	Navigation naturelle. — Bras de la Taute.
VANNES.	OCÉAN.	»	»	Navigation naturelle.
»	»	40 » 47 48	5 20	Écluses.
»	»	28 80	5 20	Écluse.
»	»	»	»	Navigation naturelle.
PAS OPTON.	OCÉAN.	»	»	Navigation naturelle.
»	»	»	»	Navigation naturelle. (*F.*)
REDON.	OCÉAN.	26 30	4 70	Écluses. — Dragages. — Dérivations. — Pertuis à aiguilles. (*A.*)
LE PORRIBET.	MANCHE.	20 50	4 20	Écluses. — Dérivations. — Portes de flot.
»	»	87 »	10 »	Barrages éclusés. — Digues de rétrécissement. — Dérivation. (*F.*)

§ II. — CANAUX

DÉSIGNATION des CANAUX DE NAVIGATION.	POSITION GÉOGRAPHIQUE		DÉVELOPPEMENT.	ORIGINE.
	LATITUDES.	LONGITUDES Est (*E*). LONGITUDES Ouest (*O*).		
			kil.	
AIGUES-MORTES....	43—44	1 (E) — 2 (E)	6	AIGUES-MORTES.
AIRE à la BASSÉE...	50—51	0 — 1 (E)	42 1/2	BASSIN d'AIRE.
AISNE (latéral à l')...	49—50	1 (E) — 2 (E)	51 1/2	VIEUX-LÈS-ASFELD.
AISNE à la MARNE (l').	49—50	1 (E) — 2 (E)	58	BERRY-AU-BAC. (En face de)
ARCACHON..........	44—45	3 (O) — 4 (O)	40	BASSIN D'ARCACHON.
ARDENNES (des)....	49—50	1 (E) — 3 (E)	88	MEUSE. Riv.
ARLES à BOUC......	43—44	2 (E) — 3 (E)	47 1/2	ARLES. (Rhône, Fl.)
BEAUCAIRE.........	43—44	1 (E) — 3 (E)	50 1/2	BEAUCAIRE.
BERGUES à DUNKERQUE..........	50—52	0 — 1 (E)	8 1/2	BERGUES.
BERRY..............	46—48	1 (E) — 2 (O)	320	MARSEILLE-LES-AUBIGNY.
BÉTHUNE ou rivière de LAWE canalisée.	50—51	0 — 1 (E)	18 1/2	BÉTHUNE.
BLAVET.............	47—49	5 (O) — 6 (O)	59 1/2	NAPOLÉONVILLE.
BOUC à MARTIGUES.	43—44	2 (E) — 3 (E)	5 1/2	BOUC.
BOURBOURG........	50—51	1 (O) — 1 (E)	20 1/2	GUINDAL. (Aa, Riv.)
BOURGIDOU.........	43—44	1 (E) — 2 (E)	9 1/2	CANAL DE SILVÉRÉAL.
BOURGOGNE........	47—48	1 (E) — 3 (E)	242	LA ROCHE.
BRIARE.............	47—49	0 — 1 (E)	59	BRIARE.
BROUAGE...........	45—46	3 (O) — 4 (O)	21 1/2	Environs de ROCHEFORT. (Charente, Riv.
BRUSCHE (la).......	48—49	5 (E) — 6 (E)	19 1/2	SOULTZ-LES-BAINS.
CAEN à la MER.....	49—50	2 (O) — 3 (O)	14	CAEN.

UX.

ORIGINE.	ÉCLUSES. LONGUEURS.	ÉCLUSES. LARGEURS.	OBSERVATIONS PARTICULIÈRES.
	m.	m.	
MÉDITERRANÉE.	39 86	6 » 6 66	»
BAUVIN. (Deule, Riv.)	40 »	5 20	Jonction de la Deule à la Lys. (*F.-B.*)
CONDÉ-SOUS-VAILLY.	38 25	5 20	(*F.-B.*)
CONDÉ.	38 60	5 20	Canal à point de partage. (*F.-B.*)
ÉTANG DE PARENTIS.	30 »	6 »	»
VIEUX-LÈS-ASFELD.	34 80	5 20	Canal à point de partage. — Jonction de la Meuse à l'Oise et à la Seine. — Non compris l'embranchement de Vouziers de 12 kilomètres. (*B.*)
BOUC. (Méditerranée.)	33 30	8 »	»
AIGUES-MORTES.	39 86	6 » 6 66	(*F.*)
DUNKERQUE.	80 »	5 20	(*F.-B.*)
TOURS. (Loire, Fl.)	27 75	2 70	Canal à point de partage. — Réservoirs. — Compris l'embranchement de Montluçon de 69 kil. 1/2 et la partie du Cher canalisé entre Noyers et Tours de 59 kil. (*F.*)
LYS. Riv.	40 » 96 »	5 10 5 30	»
HENNEBONT.	26 30	4 70	(*A.*)
MARTIGUES.	»	»	Pas d'écluses.
DUNKERQUE.	70 »	5 20	(*F.-A.*)
AIGUES-MORTES.	»	»	Pas d'écluses.
SAINT-JEAN DE LOSNES.	30 »	5 20	Canal à point de partage. — Réservoirs. — Jonction de l'Yonne à la Saône. (*F.*)
BUGES, près Montargis. (Canaux d'Orléans et du Loing.)	33 »	5 20	Canal à point de partage. — Réservoirs. — Jonction de la Loire à la Seine. (*F.*)
BROUAGE. (Océan.)	17 »	6 50	Écluses de marée.
3 kil. de STRASBOURG.	48 »	4 50	»
OYESTREHAM. (Manche.)	100 »	12 30	Canal maritime. (*F.-A.*)

DÉSIGNATION des CANAUX DE NAVIGATION.	POSITION GÉOGRAPHIQUE.		DÉVELOPPEMENT.	ORIGINE.
	LATITUDES.	LONGITUDES Est (E). LONGITUDES Ouest (O).		
			kil.	
CALAIS	50—51	0 — 1 (O)	31 1/2	Le Wes. (Aa, Riv.)
CENTRE	46—47	1 (E) — 3 (E)	116 1/2	Chalon-sur-Saone.
CETTE	43—44	1 (E) — 2 (E)	1 1/2	Cette.
CHARENTE à la SEUDRE	45—46	3 (O) — 4 (O)	14 1/2	Canal de Brouage.
COLMAR	48—49	5 (E) — 6 (E)	13	Canal du Rhone au Rhin.
COLME (la)	50—52	1 (O) — 1 (E)	47	Watten. (Aa, Riv.)
COUTANCES	49—50	3 (O) — 4 (O)	5 1/2	Coutances.
DEULE (la)	50—51	0 — 1 (E)	65 1/2	Fort de Scarpe.
DIVE (la)	46—48	2 (O) — 3 (O)	28	Pas de Jeu.
DUNKERQUE à FURNES	51—52	0 — 1 (E)	21 1/2	Dunkerque.
ÉTANGS (des)	43—44	1 (E) — 2 (E)	38	Étang de Thau.
EU au TRÉPORT	50—51	0 — 1 (O)	3 1/2	Eu.
GARONNE (latéral à la)	43—45	0 — 3 (O)	193	Toulouse.
GIVORS	45—46	2 (E) — 3 (E)	19 1/2	Forges de Lorette. (2 kil. aval de la Grand'Croix.)
HAZEBROUCK (d')	50—51	0 — 1 (E)	5 1/2	Hazebrouck.
HOUILLÈRES de la SARRE (des)	48—50	4 (E) — 5 (E)	63 1/2	Gondrexange. (Canal de la Marne au Rhin
ILL canalisée	48—49	5 (E) — 6 (E)	6 1/2	Canal du Rhone au Rhin.
ILL au RHIN	48—49	5 (E) — 6 (E)	2	Ill. Riv.
ILLE et RANCE	48—49	3 (O) — 5 (O)	84 1/2	Rennes. (Vilaine, Riv.)
LOING (du)	48—49	0 — 1 (E)	49 1/2	Buges. (Canaux d'Orléans et de Briare.)

ORIGINE.	ÉCLUSES.		OBSERVATIONS PARTICULIÈRES.
	LONGUEURS	LARGEURS.	
	m.	m.	
CALAIS.	42 »	5 20	Non compris deux embranchements : Ardres 4 kil. 1/2. — Guines 6 kil. (*F.-A.-B.*)
DIGOIN. (Loire, Fl.)	32 »	5 15	Canal à point de partage. — Réservoirs. — Jonction de la Saône à la Loire, non compris la rigole navigable de Torcy de 5 kil. (*F.*)
ÉTANG DE THAU.	»	»	Pas d'écluses.
Embouchure de LA SEUDRE, Riv.	17 »	6 50	Écluses de marée.
COLMAR.	38 60	5 20	»
FURNES. (Belgique.)	46 »	5 20	Se divise en deux parties : la haute Colme 24 kil. 1/2. — La basse Colme 22 kil. 1/2. — Partie française 36 kil. — Partie belge 11 kil. Non compris l'embranchement d'Hondschoote en France de 2 kil. (*F.-A.*)
LA ROQUE. (Sienne, Riv.)	21 »	4 20	(*A.*)
DEULÉMONT. (Confluent de la Deule.)	39 »	5 20	Se divise en trois parties : la haute Deule 46 kil. — La moyenne Deule 3 kil. — La basse Deule 16 kil. 1/2. (*F.-B.*)
ARTENNES. (Thouet, Riv.)	33 »	5 25	»
FURNES. (Belgique.)	67 35	5 20	Partie française 13 kil. — Partie belge 8 kil 1/2. (*F.-A.*)
Extrémité du CANAL DE LA RADELLE.	»	»	Pas d'écluses. (*F.*)
TRÉPORT. (Manche.)	»	»	Pas d'écluses.
CASTETS.	35 70	6 »	Non compris les embranchements présentant ensemble une longueur de 16 kil. (*F.-A.*)
GIVORS. (Rhône, Fl.)	25 » 35 »	4 60 6 50	Réservoir. (*F.*)
CANAUX DE PRÉAVEN et DE LA NIEPPE.	91 »	4 »	Partie de la ligne d'Hazebrouck à Merville. (*F.-B.*)
SARREGUEMINES.	38 10	5 20	Canal latéral à la Sarre.
Écluse des fortifications à STRASBOURG.	30 »	5 30	(*F.-P.*)
près STRASBOURG. (Rhin, Fl.)	48 »	12 »	(*P.*)
LE CHATELIER. (Rance, Riv.)	26 30	4 70	Canal à point de partage. (*A.*)
SAINT-MAMMES. (Seine, Fl.)	33 »	5 20	(*F.*)

DÉSIGNATION des CANAUX DE NAVIGATION.	POSITION GÉOGRAPHIQUE. LATITUDES.	LONGITUDES Est (E). LONGITUDES Ouest (O).	DÉVELOPPEMENT.	ORIGINE.
			kil.	
LOIRE (latéral à la)...	46—48	0 — 2 (E)	209	DIGOIN.
LOIRE (latéral à la)...	47—48	1 (E) — 4 (O)	400	BRIARE.
LUÇON..............	46—47	3 (O) — 4 (O)	11	LUÇON.
LUNEL..............	43—44	1 (E) — 2 (E)	11	LUNEL.
MANICAMP..........	49—50	0 — 1 (E)	4 1/2	ÉCLUSE DE CHAUNY.
MARDYCK...........	51—52	0 — 1 (E)	2 1/2	DUNKERQUE.
MARNE (Haute)......	48—49	2 (E) — 3 (E)	47	ROCHES.
MARNE (latéral à la).	48—50	1 (E) — 3 (E)	63	VITRY-LE-FRANÇAIS.
MARNE au RHIN.....	48—49	2 (E) — 6 (E)	321	3 kil. aval de VITRY-LE-FRANÇAIS.
MEAUX à CHALIFERT	48—49	0 — 1 (E)	13 1/2	MEAUX. (Marne, Riv.)
MIDI (du)............	43—44	1 (O) — 2 (E)	240 1/2	TOULOUSE. (Garonne, Fl.)
MONS à CONDÉ......	50—51	1 (E) — 2 (E)	21 1/2	MONS. (Belgique.)
NANTES à BREST....	47—49	3 (O) — 7 (O)	360	NANTES. (Loire, Fl.)
NARBONNE	43—44	0 — 1 (E)	36 1/2	LE SOMAIL. (Canal du Midi.)
NEUFFOSSÉ.........	50—51	1 (E) — 1 (O)	18	AIRE. (Lys, Riv.)
NIEPPE (la).........	50—51	0 — 1 (E)	9	THIENNES, prés Aire.
NIORT à LA ROCHELLE.....	46—47	3 (O) — 4 (O)	21	MARANS. (Sèvre Niortaise, Riv.)
NIVERNAIS (du).....	46—48	1 (E) — 2 (E)	174	AUXERRE. (Yonne, Riv.)
OISE (latéral a l')....	49—50	0 — 1 (E)	29	MANICAMP.
ORLÉANS.	47—49	1 (O) — 1 (E)	73 1/2	COMBLEUX. (Loire, Fl.)

ORIGINE.	ÉCLUSES.		OBSERVATIONS PARTICULIÈRES.
	LONGUEURS	LARGEURS.	
	m.	m.	
CHATILLON.	34 85	5 20	Compris deux rigoles navigables et trois embranchements présentant ensemble une longueur de 10 kil. (*F.*)
NANTES.	»	»	Canal concédé par la loi du 17 juin 1836. — Non exécuté. — Remis à l'étude en 1861 et 1864.
RADE DE L'AIGUILLON. (Océan.)	50 »	6 50	»
CANAL DE LA RADELLE.	»	»	Pas d'écluses.
MANICAMP.	»	»	Pas d'écluses. (*F.-B.*)
DUNKERQUE.	»	»	Pas d'écluses. (*F.-A.*)
VITRY-LE-FRANÇAIS.	38 50	5 20	»
DIZY. (Marne, Riv.)	38 50	5 20	(*F.-B.*)
u-dessous de STRASBOURG. (Ill, Riv.)	38 10	5 20	Canal à points de partage. — Réservoirs. — Compris deux branches: Houdelaincourt 4 kil. — Toul. 2 kil. (*F.-B.-P.*)
CHALIFERT. (Marne, Riv.)	51 »	7 80	Compris une rigole navigable de 3 kil. 1/2. (*F.-B.*)
PORT DES ONGLOUS. (Étang de Thau.)	27 »	5 80	Canal à point de partage. — Réservoirs. — Autrefois appelé Canal des deux mers. (*F.*)
CONDÉ.	40 90	5 20	Partie française 5 kil. — Partie belge 19 kil. 1/2. (*B.*)
CHATEAULIN. (Aulne, Riv.)	26 30	4 70	Canal à points de partage. — Réservoirs. (*F.-A.*)
ORT DE LA NOUVELLE. (Méditerranée.)	27 »	5 20	(*F.*)
SAINT-OMER. (Aa, Riv.)	40 »	5 20	Jonction de la Lys à l'Aa (*F.-B.*)
CANAL DE PRÉAVEN.	»	4 »	Embranchement sur la ligne d'Hazebrouck à Merville. — Le sas des écluses peut contenir plusieurs bateaux. (*F.-B.*)
LA ROCHELLE.	33 33	5 20	»
DECIZE. (Loire, Fl.)	33 10	5 12	Canal à point de partage. — Réservoirs. — Jonction de l'Yonne à la Loire. (*F.*)
JANVILLE. (Oise, Riv.)	40 »	6 50	(*F.-B.*)
UGES. (Canaux du Loing et de Briare.)	29 80	4 62	Canal à point de partage. — Réservoirs. — Jonction de la Loire à la Seine.

DÉSIGNATION des CANAUX DE NAVIGATION.	POSITION GÉOGRAPHIQUE.		DÉVELOPPEMENT.	ORIGINE.
	LATITUDES.	LONGITUDES Est (E). LONGITUDES Ouest (O).		
			kil.	
OURCQ (l')	48—50	0 — 1 (E)	96 1/2	MAREUIL. (Ourcq, Riv.)
PECCAIS	43—44	1 (E) — 2 (E)	3	SALINS DE PECCAIS.
PÉROLS (Canal ou Grau de), ...	43—44	1 (E) — 2 (E)	» 1/2	CANAL DES ÉTANGS.
PEYRADE (la).......	43—44	1 (E) — 2 (E)	3	CETTE. (Canal de Cette.)
PLESSIS (du)........	49—50	3 (O) — 4 (O)	4 1/2	LE PLESSIS.
PONT-DE-VAUX	46—47	2 (E) — 3 (E)	3 1/2	PONT-DE-VAUX.
PRÉAVEN......... ...	50—51	0 — 1 (E)	2	CANAUX DE LA NIEPPE ET D'HAZEBROUCK.
RADELLE (la)	43—44	1 (E) — 2 (E)	9	AIGUES-MORTES. (Canal de Beaucaire.)
RHONE (du) au RHIN.	47—49	3 (E) — 6 (E)	330	SAINT-SYMPHORIEN. (Saône, Riv.)
ROANNE à DIGOIN...	46—47	1 (E) — 2 (E)	56	ROANNE. (Loire, Fl.)
ROUBAIX ou de l'ESPIERRE..........	50—51	0 — 2 (E)	28 1/2	MARQUETTE. (Canal de la Basse-Deule.)
SAINT-DENIS	48—49	0 — 1 (E)	6 1/2	PARIS. (Gare circulaire du Canal de l'Ourcq.)
SAINT-LOUIS	43—44	2 (E) — 3 (E)	5	TOUR SAINT-LOUIS. (Rhône, Fl.)
SAINT-MARTIN......	48—49	0 — 1 (E)	4	PARIS. (Bassin de la Villette.)
SAINT-MAUR	48—49	0 — 1 (E)	1	SAINT-MAUR. (Marne, Riv.)
SAINT-PIERRE......	43—44	0 — 1 (O)	1 1/2	TOULOUSE. (Garonne, Fl.)
SAINT-QUENTIN.....	49—51	0 — 1 (E)	96 1/2	CAMBRAI. (Escaut, Fl.)
SALINES de l'EST (des)	48—50	4 (E) — 5 (E)	36 1/2	SARRALBE.
SAMBRE (la) à l'OISE.	49—51	1 (E) — 2 (E)	67	LANDRECIES.
SAULDRE (la).......	47—48	1 (E) — 1 (O)	43	BLANCAFORT.
SAVIÈRES	45—46	3 (E) — 4 (E)	4	LAC DU BOURGET.
SEINE (la Haute).....	48—49	1 (E) — 2 (E)	89	BAR-SUR-SEINE.
SENSÉE (la).........	50—51	0 — 1 (E)	25	ETRUN.

ORIGINE.	ÉCLUSES. LONGUEURS.	LARGEURS.	OBSERVATIONS PARTICULIÈRES.
	m.	m.	
PARIS. (Bassin de la Villette.)	58 80	3 20	Non compris la dérivation navigable de Clignon de 1 kil. — Le canal est prolongé jusqu'à Port-aux-Perches dans le lit canalisé de la rivière sur 11 kil. (*F.-B.*)
Jonction des CANAUX DE SILVÉRÉAL et DE BOURGIDOU.	»	»	Pas d'écluses.
MÉDITERRANÉE.	»	»	Pas d'écluses.
LA PEYRADE (Canal des Étangs.)	56 »	6 60	»
BEAUPTÉ. (près Carentan.)	»	»	Pas d'écluses.
SAONE. Riv.	34 »	7 20	»
BOURRE. Riv.	91 »	4 »	Partie de la ligne d'Hazebrouck à Merville. (*F.-B.*)
CANAL DES ÉTANGS.	»	»	Pas d'écluses. (*F.*)
1 kil. de STRASBOURG. (Ill, Riv.)	30 28	5 20	Canal à point de partage. — Jonction de la Saône au Rhin. — Compris la branche d'Huningue de 28 kil. (*F.-P.*)
DIGOIN. (Loire, Fl.)	33 »	5 20	Canal latéral à la Haute-Loire. (*F.*)
ESPIERRE. (Escaut, Fl. — Belgique.)	41 »	5 20	Jonction de la Deule à l'Escaut. — Partie française 20 kil. — Partie belge 8 kil. 1/2. (*F.-B.*)
SAINT-DENIS. (Seine, Fl.)	42 »	7 80	Jonction de la Seine au canal de l'Ourcq. (*F.-B.*)
GOLFE DE FOS. (Méditerranée.)	150 »	22 »	Canal maritime.
PARIS. (Seine, Fl.)	42 »	7 80	Jonction du canal de l'Ourcq à la Seine. (*F.-B.*)
SAINT-MAUR. (Marne, Riv.)	96 36	7 80	(*F.-B.*)
TOULOUSE. (Canal du Midi.)	27 »	5 80	(*F.-A.*)
CHAUNY. (Oise, Riv.)	37 »	5 20	Canal à point de partage. (*F.-B.*)
DIEUZE.	20 »	4 20	»
LA FÈRE.	42 »	5 20	Jonction de la Sambre à l'Oise. (*F.-B.*)
LA MOTTE-BEUVRON.	28 55	2 70	Réservoir.
RHONE. Fl.	»	»	Pas d'écluses.
NOGENT-SUR-SEINE.	34 »	5 20	(*F.*)
4 kil. de DOUAI.	41 50	5 20	Jonction de l'Escaut à la Scarpe. (*F.-B.*)

DÉSIGNATION des CANAUX DE NAVIGATION.	POSITION GÉOGRAPHIQUE.		DÉVELOPPEMENT.	ORIGINE.
	LATITUDES	LONGITUDES Est (E). LONGITUDES Ouest (O).		
			kil.	
SILVÉRÉAL.........	43—44	1 (E) — 2(E	8	SILVÉRÉAL. (Petit-Rhône, Fl.)
SOMME (la)..........	49—51	1 (E) — 1 (O)	156 1/2	SAINT-SIMON. (Canal de Saint-Quentin.
VIC.................	43—44	1 (E) — 2 (E)	3 1/2	VIC.
VIRE et TAUTE......	49—50	3 (O) — 4 (O)	11 1/2	LE PORRIBET. (Vire, Riv.)
WATTERINGUES (Canaux de)...........	50—51	0 — 1 (O)	16 1/2	CALAIS. (Canal de Calais.)

ORIGINE.	ÉCLUSES.		OBSERVATIONS PARTICULIÈRES.
	LONGUEURS	LARGEURS.	
	m.	m.	
PECCAIS. (Jonction des Canaux de Bourgidou et de Peccais.)	40 »	6 06	»
SAINT-VALERY-SUR-SOMME.	40 »	6 50	(*F.-A.-B.*)
ÉTANG DE VIC OU DE PALAVAS.	»	»	Pas d'écluses.
LE CAP. (Taute, Riv.)	20 50	4 20	»
ARDRES. (Canal de Calais.)	»	»	Comprend trois canaux : Le Houlet 7 kil. — Marck 7 kil. 1/2. — Le Fort Brulé 2 kil. — Pas d'écluses.

IV

VOIES NAVIGABLES

DE LA

BELGIQUE

ET DES

PROVINCES DE LA RIVE GAUCHE DU RHIN.

§ Ier. — RIVIÈRES NAVIGABLES.

§ II. — CANAUX.

§ Ier. — RIVIÈRES

DÉSIGNATION des RIVIÈRES NAVIGABLES.	POSITION GÉOGRAPHIQUE.		DÉVELOPPEMENT de la partie navigable.	NAVIGATION Fluviale (F.) Maritime (M.)	ORIGINES DE LA NAVIGATION FLUVIALE.	
	LATITUDES.	LONGITUDES Est (E). LONGITUDES Ouest (O).			Amont.	Aval.
			kil.			
DÉMER	50—51	2 (E) — 3 (E)	38	*F.*	DIEST.	DYLE. Riv. (Werchter.)
DENDRE	50—52	1 (E) — 2 (E)	70	*F.*	ATH.	ESCAUT. Fl. (Termonde.)
DURME	51—52	1 (E) — 2 (E)	27	*F.*	MŒRVAERT. Riv. (Splettersput.)	ESCAUT. Fl. (Thielrode.)
DYLE	50—52	2 (E) — 3 (E)	22 + 7 = 29	*F. - M.*	WERCHTER.	MALINES.
EMBLÈVE	50—51	3 (E) — 4 (E)	11	*F.*	REMOUCHAMPS.	OURTHE. Riv. (Douxflamme.)
ESCAUT	50—52	0 — 2 (E)	185 1/2 + 147 1/2 = 333.	*F. - M.*	CAMBRAI. (France.)	GAND.
LYS	50—52	0 — 2 (E)	159 1/2	*F.*	AIRE. (France.)	ESCAUT. Fl. (Gand.)
MEUSE	49—52	1 (E) — 4 (E)	495 + 50 = 545	*F. - M.*	VERDUN. (France.)	DORDRECHT. (Hollande.)
MŒRVAERT	51—52	1 (E) — 2 (E)	22	*F.*	ROODENHUYSEN. (Canal de Gand à Terneuzen.)	DURME. Riv. (Splettersput.)
MOSELLE	48—51	3 (E) — 6 (E)	357	*F.*	FROUARD. (France.)	RHIN. Fl. (Coblentz-Prusse Rhénane.)
NÈTHE (Grande)	51—52	2 (E) — 3 (E)	36	*F.*	WESTERLOO.	NETHE INFre. Riv. (Lierre.)
NÈTHE (Inférieure)	51—52	2 (E) — 3 (E)	14	*F.*	LIERRE.	DYLE. Riv. (Rumpst.)
NÈTHE (Petite)	51—52	2 (E) — 3 (E)	18	*F.*	GROBBENDONCK.	NETHE INFre. Riv. (Lierre.)
OURTHE	50—51	3 (E) — 4 (E)	54	*F.*	BARVAUX.	MEUSE. Riv. (Liége.)
RHIN	47—52	1 (E) — 7 (E)	819 + 50 = 869	*F. - M.*	BALE. (Suisse.)	DORDRECHT. (Hollande.)

NAVIGABLES.

ORIGINES DE LA NAVIGATION MARITIME.		ÉCLUSES.		NATURE DES OUVRAGES établis POUR AMÉLIORER LA NAVIGATION.
Amont.	Aval.	LONGUEURS	LARGEURS.	
		m.	m.	
»	»	»	»	Barrages mobiles.
»	»	45 50	5 20	Barrages mobiles à poutrelles avec écluses à Sas.
»	»	»	»	Navigation naturelle.
MALINES.	NÈTHE INF^{re}. RIV. (Rumpst.)	»	»	Barrages mobiles.
»	»	»	»	Barrages fixes avec pertuis.
GAND.	MER DU NORD.	45 50	5 20	Barrages mobiles éclusés.
»	»	45 50	5 20	Barrages mobiles éclusés.
DORDRECHT. (Hollande.)	MER DU NORD.	62 »	9 »	Dérivations éclusées entre Verdun et Visé en aval de Liége. — Entre Visé et Venloo digues submersibles et épis. — Entre Venloo et la Mer navigation naturelle.
»	»	»	»	Navigation naturelle.
»	»	»	»	Chenaux artificiels. — Approfondissements. — Fixation de rives.
»	»	»	»	Navigation naturelle.
»	»	»	»	Navigation naturelle. — Réunion de la grande Nèthe et de la petite Nèthe.
»	»	25 »	5 »	Barrages mobiles avec écluses à Sas.
»	»	20 »	3 50	Barrages fixes avec pertuis et écluses à Sas.
DORDRECHT. (Hollande.)	MER DU NORD.	»	»	Redressements entre Bâle et Mayence.

DÉSIGNATION des RIVIÈRES NAVIGABLES.	POSITION GÉOGRAPHIQUE.		DÉVELOPPEMENT de la partie navigable.	NAVIGATION Fluviale (F.) Maritime (M.)	ORIGINES DE LA NAVIGATION FLUVIALE.	
	LATITUDES.	LONGITUDES Est (E). LONGITUDES Ouest (O).			Amont.	Aval.
			kil.			
RUPEL	51—52	1 (E) — 3 (E)	11	*M.*	»	»
SAMBRE	50—51	1 (E) — 3 (E)	149 1/2	*F.*	LANDRECIES.	**MEUSE. Riv. (Namur.)**
SARRE	49—50	4 (E) — 5 (E)	122	*F.*	SARREGUEMINES.	**MOSELLE. Riv.**
SURE	49—50	3 (E) — 5 (E)	59 1/2	*F.*	ETTELBRUCK.	**MOSELLE. Riv. (Wasserbillig.)**
VESDRE	50—51	3 (E) — 4 (E)	10	*F.*	PRAYON.	**OURTHE. Riv. (Chênée.)**
YSER	50—52	0 — 1 (E)	42	*F.*	Frontière de France.	**MER DU NORD. (Nieuport.)**

ORIGINES DE LA NAVIGATION MARITIME.		ÉCLUSES.		NATURE DES OUVRAGES établis POUR AMÉLIORER LA NAVIGATION.
Amont.	Aval.	LONGUEURS	LARGEURS.	
		m.	m.	
RUMPST. (Confluent de la Dyle et de la Nethe inférieure.)	ESCAUT. Fl. (Rupelmonde.)	»	»	Rectifications et rétrécissements au moyen d'épis saillants sur les rives. — Réunion de la Dyle et de la Nethe inférieure.
»	»	40 » 50 »	5 20	Barrages mobiles à poutrelles. — Écluses à Sas et dérivations.
»	»	»	»	Barrages, écluses et dérivations entre Sarreguemines et Louisenthal. — Redressements entre Louisenthal et son confluent avec la Moselle.
»	»	»	»	Redressements au moyen d'épis.
»	»	»	»	Barrages fixes avec pertuis
»	»	»	»	Écluse à Nieuport.

§ II. — CAN

DÉSIGNATION des CANAUX DE NAVIGATION.	POSITION GÉOGRAPHIQUE.		DÉVELOPPEMENT.	ORIGINE.
	LATITUDES.	LONGITUDES Est (E). LONGITUDES Ouest (O).	kil.	
BLATON à ATH.....	50—51	1 (E) — 2 (E)	20	BLATON. (Canal de Pommerœul à Antoing.)
BOSSUYT à COURTRAY.............	50—51	0 — 2 (E)	15	BOSSUYT. (Escaut, Fl.)
BRUGES à l'ÉCLUSE.	51—52	0 — 2 (E)	18	BRUGES. (Canal de Gand à Bruges.)
BRUGES à LISSEWEGHE...........	51—52	0 — 1 (E)	16	BRUGES. (Canal de Bruges à Ostende.)
BRUGES à OSTENDE.	51—52	0 — 1 (E)	21	BRUGES.
BRUXELLES à WILLEBRŒCK........	50—52	2 (E) — 3 (E)	29	BRUXELLES.
CHARLEROI à BRUXELLES......	50—51	1 (E) — 3 (E)	74	DAMPREMY près CHARLEROI. (Sambre, Riv
COMMINES à YPRES.	50—51	0 — 1 (E)	15	COMMINES. (Lys, Riv.)
EECLOO (d').........	51—52	1 (E) — 2 (E)	2	CANAL DE DÉRIVATION DE LA LYS.
ESPIERRE (l') ou de ROUBAIX.........	50—51	0 — 2 (E)	28 1/2	MARQUETTE. (Canal de la Basse Deule.)
FURNES à BERGUES ou de la BASSE-COLME............	50—52	0 — 1 (E)	22 1/2	FURNES. (Canal de Nieuport à Dunkerque
GAND à BRUGES....	51—52	0 — 2 (E)	57	GAND. (Lys, Riv.)
GAND à TERNEUZEN	51—52	1 (E) — 2 (E)	35	GAND.
LIÉGE à MAESTRICHT ou latéral à la MEUSE.........	50—51	3 (E) — 4 (E)	25	LIÉGE. (Meuse, Riv.)
LIEVE (la)..........	51—52	1 (E) — 2 (E)	10	LE RABOT. (Canal de Gand à Bruges.)
LOO.................	50—52	0 — 1 (E)	14	LA FINTELLE. (Yser, Riv.)
LOUVAIN à la DYLE.	50—51	2 (E) — 3 (E)	30	LOUVAIN.
LYS (dérivation de la)	51—52	1 (E) — 2 (E)	27	DEYNZE. (Lys, Riv.)

AUX.

ORIGINE.	ÉCLUSES. LONGUEURS.	ÉCLUSES. LARGEURS.	OBSERVATIONS PARTICULIÈRES.
	m.	m.	
ATH. (Dendre, Riv.)	45 50	5 20	Canal récemment concédé, mais non encore en voie d'exécution.
COURTRAY. (Lys, Riv.)	43 70	5 20	»
L'ÉCLUSE. (Hollande.)	56 » 60 »	8 30	»
MER DU NORD.	»	2 40 3 35	»
OSTENDE.	38 » 56 »	12 » 13 »	Non compris un embranchement de 3 kil. à Ostende.
En face de BOOM. (Rupel, Riv.)	45 » 79 »	7 50	»
BRUXELLES. (Canal de Bruxelles à Willebrœck.)	21 20 50 »	2 70 5 20	Non compris quatre embranchements présentant ensemble un développement de 15 kil.
YPRES. (Canal de l'Yperlée.)	43 70	5 20	Canal récemment concédé, mais non encore en voie d'exécution.
EECLOO.	45 50	5 20	»
ESPIERRE. (Escaut, Fl.)	43 70	5 20	Jonction de la Deule à l'Escaut.
BERGUES.	45 50	5 20	»
BRUGES. (Canal de Bruges à Ostende.)	56 » 60 »	8 30	»
TERNEUZEN. (Escaut, Fl.)	50 »	12 »	»
MAESTRICHT. (Canal de Maestricht à Bois-le-Duc.)	50 »	7 »	»
STOCKTE-VYVER. (Canal de dérivation de la Lys.)	»	»	Pas d'écluses.
[FU]RNES. (Canal de Nieuport à Dunkerque.)	45 50	5 20	»
DYLE. Riv.	56 » 58 »	8 20 8 30	»
BALGERHŒCK.	45 50	5 20	Ce canal aboutit à la mer du Nord à Heyst; mais la partie entre Balgerhœck et la mer (27 kil.) n'est pas navigable.

DÉSIGNATION des CANAUX DE NAVIGATION.	POSITION GÉOGRAPHIQUE.		DÉVELOPPEMENT.	ORIGINE.
	LATITUDES.	LONGITUDES Est (E). LONGITUDES Ouest (O).		
			kil.	
MAESTRICHT à BOIS-LE-DUC..........	50—52	3(E) — 4(E)	123	MAESTRICHT.
MEUSE (la) à l'ESCAUT............	51—52	2(E) — 4(E)	88	BOCHOLT. (Canal de Maestricht à Bois-le-Duc.)
MEUSE et MOSELLE.	49—51	3(E) — 4(E)	»	OURTHE. Riv.
MONS à CONDÉ......	50—51	1(E) — 2(E)	24 1/2	MONS.
NIEUPORT à DUNKERQUE..........	51—52	0 — 1(E)	32	NIEUPORT.
NORD (du)........ ..	51—52	3(E) — 5(E)	52 1/2	AMONT DE DUSSELDORFF. (Rhin, Fl.)
PLASSCHENDAELE à NIEUPORT......	51—52	0 — 1(E)	21	PLASSCHENDAELE (Canal de Bruges à Ostende
POMMERŒUL à ANTOING............	50—51	1(E) — 2(E)	23	POMMERŒUL. (Canal de Mons à Condé.)
ROULERS à la LYS..	50—51	0 — 1(E)	17	ROULERS.
STEKÈNE...........	51—52	1(E) — 2(E)	5	MŒRVAERT. Riv.
YPERLÉE (l').......	50—51	0 — 1(E)	15	YPRES.

ORIGINE.	ÉCLUSES.		OBSERVATIONS PARTICULIÈRES.
	LONGUEURS	LARGEURS.	
	m.	m.	
Bois-le-Duc. (Dièze, Riv.)	62 »	7 »	Ce canal débouche dans la Dièze navigable, affluent de la Meuse.
Anvers. (Escaut, Fl.)	50 »	7 »	Non compris trois embranchements de 15, 26 et 39 kil.
Sure. Riv.	»	»	Canal commencé en 1828 et abandonné.
Condé.	45 50	5 20	»
Dunkerque.	45 50	5 20	»
Venloo. (Meuse, Riv.)	»	»	Canal non achevé, utilisé pour la navigation sur une longueur de 15 kil. à partir du Rhin.
Nieuport.	45 50	5 20	»
Antoing. (Escaut, Fl.)	43 70	5 20	»
Lys. Riv.	45 50	5 20	Canal en voie d'exécution.
Stekene.	»	»	Pas d'écluses.
Fort-Knocke. (Yser, Riv.)	41 60	6 25	»

V

DÉSIGNATION

DES

ÉTATS TRAVERSÉS PAR LES VOIES NAVIGABLES

DE LA

BELGIQUE

ET DES

PROVINCES DE LA RIVE GAUCHE DU RHIN.

§ Ier. — RIVIÈRES NAVIGABLES.

§ II. — CANAUX.

DÉSIGNATION des RIVIÈRES NAVIGABLES.	DÉSIGNATION DES ÉTATS TRAVERSÉS PAR LA PARTIE NAVIGABLE ET DÉVELOPPEMENT KILOMÉTRIQUE.
DÉMER	Belgique 38 kil.
DENDRE	Belgique 70 kil.
DURME	Belgique 27 kil.
DYLE	Belgique 29 kil.
EMBLÈVE	Belgique 11 kil.
ESCAUT	France 63 kil. — Belgique 241 kil. — Hollande 29 kil. — Total 333 kil.
LYS	France 45 kil. 1/2. — France et Belgique 7 kil. 1/2. — Belgique 106 kil. 1/2. — Total 159 kil. 1/2.
MEUSE	France 232 kil. — Belgique 176 kil. — Hollande 137 kil. — Total 545 kil.
MŒRVAERT	Belgique 22 kil.
MOSELLE	France 116 kil. — Duché de Luxembourg et Prusse-Rhénane 36 kil. 1/2 — Prusse-Rhénane 204 kil. 1/2. — Total 357 kil.
NÈTHE (Grande)	Belgique 36 kil.
NÈTHE (Inférieure)	Belgique 14 kil.
NÈTHE (Petite)	Belgique 18 kil.
OURTHE	Belgique 54 kil.
RHIN	Suisse 2 kil. — France et Suisse 2 kil. — France et Duché de Bade 182 kil. — Bade et Bavière 85 kil. — Bavière et Hesse 2 kil. — Hesse 52 kil. — Hesse et Nassau 37 kil. — Nassau et Prusse 58 kil. — Prusse 276 kil. — Prusse et Hollande 8 kil. — Hollande 165 kil. — Total 869 kil.
RUPEL	Belgique 11 kil.
SAMBRE	France 54 kil. 1/2. — Belgique 95 kil. — Total 149 kil. 1/2.
SARRE	France 1 kil. 1/2. — France et Prusse 10 kil. 1/2. — Prusse 110 kil. Total 122 kil.
SURE	Luxembourg 16 kil. — Luxembourg et Prusse-Rhénane 43 kil. 1/2. — Total 59 kil. 1/2.
VESDRE	Belgique 10 kil.
YSER	Belgique 42 kil.

DÉSIGNATION des CANAUX DE NAVIGATION.	DÉSIGNATION DES ÉTATS TRAVERSÉS PAR LES CANAUX DE NAVIGATION ET DÉVELOPPEMENT KILOMÉTRIQUE.
BLATON à ATH	BELGIQUE 20 kil.
BOSSUYT à COURTRAY	BELGIQUE 15 kil.
BRUGES à l'ÉCLUSE	BELGIQUE 14 kil. — HOLLANDE 4 kil. — TOTAL 18 kil.
BRUGES à LISSEWEGHE	BELGIQUE 16 kil.
BRUGES à OSTENDE	BELGIQUE 21 kil.
BRUXELLES à WILLEBRŒCK	BELGIQUE 29 kil.
CHARLEROI à BRUXELLES	BELGIQUE 74 kil.
COMMINES à YPRES	BELGIQUE 15 kil.
EECLOO (d')	BELGIQUE 2 kil.
ESPIERRE (l') ou de ROUBAIX	FRANCE 20 kil. — BELGIQUE 8 kil. 1/2. — TOTAL 28 kil. 1/2.
FURNES à BERGUES ou de la BASSE COLME	BELGIQUE 11 kil. — FRANCE 11 kil. 1/2. — TOTAL 22 kil. 1/2.
GAND à BRUGES	BELGIQUE 57 kil.
GAND à TERNEUZEN	BELGIQUE 35 kil.
LIÉGE à MAESTRICHT ou latéral à la MEUSE.	BELGIQUE 20 kil. — HOLLANDE 5 kil. — TOTAL 25 kil.
LIEVE (la)	BELGIQUE 10 kil.
LOO	BELGIQUE 14 kil.
LOUVAIN à la DYLE	BELGIQUE 30 kil.
LYS (dérivation de la)	BELGIQUE 27 kil.
MAESTRICHT à BOIS-LE-DUC	HOLLANDE 78 kil. — BELGIQUE 45 kil. — TOTAL 123 kil.
MEUSE (la) à l'ESCAUT	BELGIQUE 88 kil.
MEUSE et MOSELLE	BELGIQUE et DUCHÉ DE LUXEMBOURG.
MONS à CONDÉ	BELGIQUE 19 kil. 1/2. — FRANCE 5 kil. — TOTAL 24 kil. 1/2.
NIEUPORT à DUNKERQUE	BELGIQUE 18 kil. — FRANCE 14 kil. — TOTAL 32 kil.
NORD (du)	PRUSSE-RHÉNANE 49 kil. — HOLLANDE 3 kil. 1/2. — TOTAL 52 kil. 1/2.
PLASSCHENDAELE à NIEUPORT	BELGIQUE 21 kil.
POMMERŒUL à ANTOING	BELGIQUE 25 kil.
ROULERS à la LYS	BELGIQUE 17 kil.
STEKÈNE	BELGIQUE 5 kil.
YPERLÉE (l')	BELGIQUE 15 kil.

LES VOIES NAVIGABLES DE L'EMPIRE FRANÇAIS DE LA BELGIQUE ET DES PROVINCES DE LA RIVE GAUCHE DU RHIN.

DEUXIÈME PARTIE:

Carte des Voies Navigables.

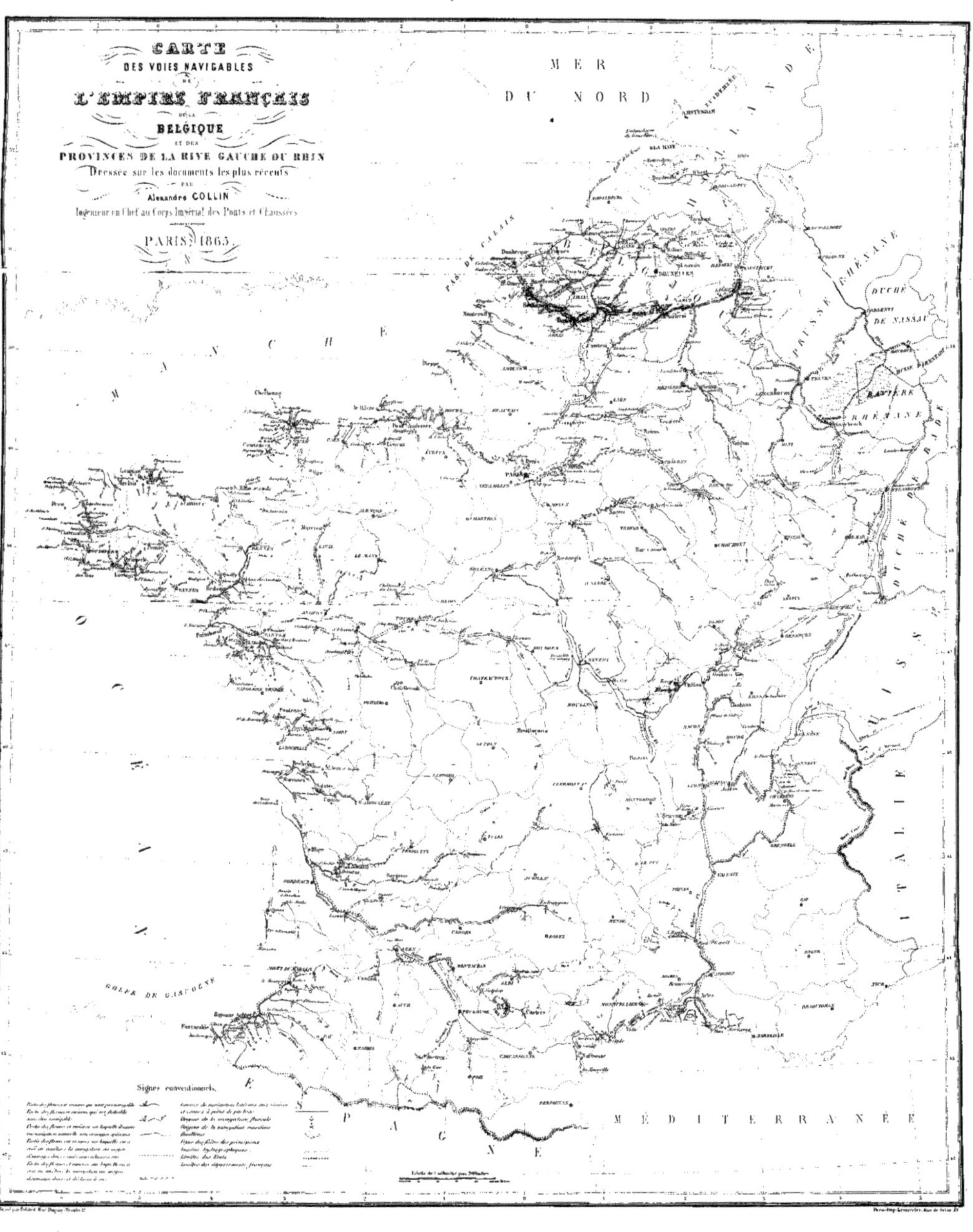
CARTE
DES VOIES NAVIGABLES
DE
L'EMPIRE FRANÇAIS
DE LA
BELGIQUE
ET DES
PROVINCES DE LA RIVE GAUCHE DU RHIN
Dressée sur les documents les plus récents
PAR
Alexandre COLLIN
Ingénieur en Chef au Corps Impérial des Ponts et Chaussées
PARIS, 1865.
MER DU NORD
PAS DE CALAIS
MANCHE
OCÉAN
GOLFE DE GASCOGNE
MÉDITERRANÉE
ESPAGNE
ITALIE
SUISSE
PRUSSE RHÉNANE
DUCHÉ DE NASSAU
BAVIÈRE RHÉNANE
DUCHÉ DE BADE
BELGIQUE
HOLLANDE
PARIS
LYON
BORDEAUX
NANTES
Signes conventionnels

www.ingramcontent.com/pod-product-compliance
Ingram Content Group UK Ltd.
Pitfield, Milton Keynes, MK11 3LW, UK
UKHW020955180726
13838UKWH00003B/1331

9 782329 372877